Ⓢ新潮新書

間中健介
*MANAKA Kensuke*

# キャリア弱者の成長戦略



999

新潮社

# キャリア弱者の成長戦略◆目次

# はじめに

「男性で派遣社員をしているキミはきっと不勉強だし、当社はそんな人におカネを投じられないいな」

２００1年、東京・お茶の水にある大手電機メーカー子会社の面談に行くと、人事部長にこう言われました。派遣先企業が派遣労働者を面談等で選考することは、当時の労働者派遣法上も認められていないのですが、とにかく26歳だった私はその場で「採用に値しない」となりました。

私は１９９7年に大学を卒業し、国会議員の政策スタッフをしながら編集プロダクションで働いていました。外回り、取材、執筆、編集で深夜や週末も働いたことから、ストレス性の呼吸器疾患で2度入院することになり、その後も体調不良に苦しみます。健康を取り戻したくて26歳の秋に仕事を辞め、派遣で短時間労働をしながら、ライターをすることにしました。

この頃は毎朝6時前から英文会計の勉強をしており、また英語の財務諸表を読むことができたので、健康が回復したらそのスキルをもとに金融機関と金融系メディアから仕事をもらおうと考えていました。

よく言われる「派遣は不安定」は間違っていませんが、メリットもあります。健康に不安を抱えていた当時の私には、短時間労働をしながらスキルアップできることが理想的でした。実態としても、中小企業正社員より大企業に身を置く派遣社員や契約社員の方が職場環境がよく、人脈や情報に恵まれるケースが少なくありません。

そのため派遣会社に登録をし、面談に行ったところで冒頭の厳しい現実に晒されたわけです。

私が不勉強であるという指摘は甘んじてお受けしますが、派遣で働いている男性すべてが不勉強、そして派遣で働く女性もまた不勉強であろうと、あの人事部長は考えていたのでしょう。あれから20年以上経った今の社会では、彼こそが不勉強な存在です。

その後、2社で派遣社員として勤務しながら金融の勉強を続け、28歳で米系コンサルティング会社の契約社員となり、２００５年には愛・地球博（愛知万博）広報スタッフの職を経験しました。前者では政党の選挙コンサルティングという稀有な業務を担当し、ほぼ毎日を政治都市・永田町で過ごしました。後者では10名以上のスタッフをマネジメントし、90以上あるパビリオンの広報サポートをしたり、東海ラジオの情報番組に出演したり、会場を訪れたテリー伊藤さんと林家たい平さんを電動カートに乗せて案内するなど、毎日多彩な業務がありました。

翌年、博報堂の契約社員を経て31歳で電通子会社の正社員となり、32歳で創薬支援会社の起業に携わりました。都内の地域活動で知り合った医師らと起業アイデアを練り、難病の治療開発のためのデータセンターを立ち上げます。これ以降、アフラック元会長の松井秀文氏ほか、何名かの賛同者に事業のアイデアを真剣に聞いていただき、物心両面の支援に恵まれました。かつては「おカネを投じられないな」と言われた私でも、おカネを投じていただく立場になることができました。

もう少しだけ、私の長すぎる職歴の話にお付き合いください。本書でお伝えしたい「成長戦略」は様々な組織に所属しながら見聞きした経験から生まれているからです。就職先を常に探し求めるキャリア弱者だからこそ得られたものがあります。

2013年には関西学院大学非常勤講師となり、翌年に内閣官房日本経済再生総合事務局に転じ、アベノミクスの第三の矢である「民間投資を喚起する成長戦略」の企画立案に携わります。アベノミクスの司令塔と言われたこの組織には中央省庁の選りすぐりのスタッフと、大企業からの出向者が集っていました。私のような人間に対しても、安倍晋三内閣総理大臣が辞令を発出され、甘利明経済再生担当大臣のもとで働く機会を得ます。そして現在は、実務家教員として茨城大学と慶應義塾大学大学院で活動をしつつ、各地でベンチャーや社会的企業の手伝いをしています。肩書を一言でいうと、経済社会保障政策アナリストです。

コロナ禍を経た2023年からこの10年を振り返ると、働き手を取り巻く環境は大きく変わりました。まずは、会社員であることのリスクが高まっています。

多くの働き手が、業務の難易度の高まりに苦労しています。6000万人もの会社員・公務員はこれから、給与が伸びないなかでの支出増加、狭まる出世の道、そして目減りしていく退職金や年金に直面していきます。

正社員とは期間の定めがなく、暗黙の雇用保障を得て働くことのできる立場です。2

021年4月から施行された改正高年齢者雇用安定法では70歳までの就業機会確保が事業主に求められています。しかしながら、会社が確実に年相応のポストを用意してくれる保証はなく、希望と離れた業務内容への変更や、年収減での転籍、早期退職勧奨の事例が相次いで報じられています。

市場が企業に要求するサービス内容、商品ストーリー、ブランドイメージは頻繁に変わっています。長年勤めて部長のポストが見えてきたとしても、事業戦略の変更により、中途採用で年下の高度人材にその椅子が与えられる可能性があります。いま運よく相応のポストと収入を得て働いているとしても、その実態は企画書を何回も書き直し、限られた予算でマーケティング効果を最大化することを経営陣から求められる。週末は新企画を練るための自己研鑽に費やし、部下の採用活動にも時間を取られつつ成果が出ないといった具合で、あらゆる業務で成果獲得に要する個人的負担が増えている状況になっています。これらすべてが、人生の後半に差し掛かる真面目なミドル会社員にはリスクになります。

一方で、チャンスの裾野は確実に広がっています。

社内で新規事業を立ち上げ、1年ほどの間に誰も予想しなかった高い成果を挙げているサラリーマンは全国各地にいます。無名のＹｏｕＴｕｂｅｒが数か月後に雑誌やテレビに出演していたり、それほど目立たなかった知人が起業で成功していたり、芸術活動で名誉ある表彰を受けたり、というケースはどこにでもあります。

２０２０年には東京証券取引所で13年ぶりの高水準となる93社の上場がありました。２０２１年は１２５社です。これらの会社の経営者のなかには、高校中退後にホームレスを経験した人物もいます。

40代後半で脱サラをして教育系のウェブサービス会社を立ち上げた知人は、英語をゼロから勉強し直して、アメリカ、インドなど世界各地で投資家向けのプレゼンテーションをし、資金調達に成功しています。

２０２２年春以降は新興市場が世界的に停滞し、スタートアップを取り巻く環境は非常に厳しくなっていますが、長期的には大企業のベンチャービジネスへの投資意欲は高まっています。

政府はこの10年の間に、起業がしやすい環境の整備や、副業・兼業の推進などを行なってきましたが、すでに数多くの人たちが、政府よりも早く、大きく動いています。チャレンジを応援する風潮は浸透しつつあり、全国どこの自治体でも起業家応援の施策が用意されています。

起業に失敗した人材を積極採用する大企業も非常に増えています。企業価値向上を真剣に考えている大企業役員は、息子や娘の世代のベンチャー経営者に敬語を使って対等に議論を重ねています。国家公務員を目指す東京大学の学生は減り、スタートアップの世界に身を投じる学生が増えています。

ウェブを活用すれば、本業以外の場で、知恵、人脈、おカネを獲得することができます。海外との接点も作れます。そこで得たものを本業に生かすこともできますし、本業以外で自分の活躍の舞台を作るために生かすこともできます。

ミドル会社員の多くは真面目で、何らかの独自スキルを持っています。しかしながら、若い頃の輝きを失いながら壁にぶつかり、重荷を抱えながら職場で時間を過ごしている人が少なくありません。

この本はキャリアのなかで何らかのチャレンジをしたいと考えている会社員のための実用書です。会社員と書きましたが、私は会社員と公務員、大企業と中小企業、正社員と非正社員、取締役とヒラ社員という区別をしていません。あらゆる働き手が将来の不安に直面しており、あらゆる働き手に成長へのチャンスがあります。

政府が掲げてきた成長率目標は年率3％（名目）ですが、個々の働き手にはその何倍もの潜在成長率が備わっているはずです。以前、A・T・カーニー日本法人会長の梅澤高明氏と話した際に「働き手の能力は2倍にも3倍にもなるよ」と言われたことが忘れられません。ちょっとしたきっかけで自分自身が望むような飛躍を遂げることが、誰にでもできるはずなのです。

コロナ禍ではチャレンジの格差、すなわち早く大胆に行動する人とそうでない人の格差が拡大したと言えるでしょう。そして人生100年時代の実態は、公的社会保障が減り、個人が努力を求められるということです。個人としての経験とスキルを磨き、リスク耐性を身につけておかなければ、生き残ることが難しい――。

組織で真面目に役割を果たしてきたビジネスパーソンであれば、誰にでも経験とスキルがあります。ちょっとだけマインドセットを変えて一歩動くことができれば、何度でも、新たな地位や役割を得たり、独立、起業そして学びができる時代です。

ではどの方向に動くのか。それを見極めるために今日から実践する「23の成長戦略」を、本書にまとめました。コロナ後の世界は決して易しいものではありません。ただし、挑戦を始めれば景色ががらりと違って見えてくるはずです。

# 第1章　世界から後退していく私たち

## 日本経済は健闘してきた

高齢化、人口減少。２０１２年に第二次安倍政権がスタートさせた「アベノミクス」は名目３％、実質２％の経済成長を目標にしていました。２％と聞くと大したことがないようですが、２０００年以降、この水準を達成した年度は4回しかありません。

それに対して世界の主要国は、年率３％以上の成長を遂げてきました。成長率の差は賃金に現れており、現在の日本人の賃金はアメリカの６割未満で、シンガポールの７割です。

団塊の世代が知るアジアは「安い労働力の地域」で、団塊ジュニアもその価値観に影響を受けていますが、いまデジタル産業に関わる若手の間では「日本がオフショアになっている」、つまり、グローバル企業の安い労働力として日本人が使われている状況にあります。

暗い話ばかりでは本を書く意味がありませんので、本章では日本経済が健闘してきた事実を押さえながら、ミドル世代を取り巻く状況を整理しましょう。

2010年代の10年間で総人口は毎年平均19万人ずつ減る一方、高齢者は毎年平均65万人ずつ増えてきました。人口減少の逆風下、2012年秋から2020年を迎えるまで、日本経済は極めて緩やかながら持続的成長を続けていました。

40兆円台だった日本企業の経常利益は2013年度に59・6兆円に伸張し、2018年度に83・9兆円に達しました。日本を訪れる外国からの観光客は2012年に836万人でしたが、2019年には3188万人に達しました。2015年に菅義偉内閣官房長官が「2020年に4000万人」の目標を掲げた際には政府内にも冷めた態度が多かったものの、感染症拡大がなければほぼ確実に目標達成していたでしょう。

## 事実上の完全雇用社会

2015年には、アベノミクス「新三本の矢」の一つとして政府は「名目GDP600兆円の実現」という高い目標を示しましたが、コロナショック前まではゆっくりとした足取りながらも目標達成に向かっていました。人口減少、高齢化、世界経済の不安定化のなか、２０１９年の名目ＧＤＰは５５７・９兆円になり、５年で39兆円増えました。２０１８年以降、失業率は事実上の完全雇用と言える歴史的低水準（２・２～２・５％）にありました。雇用者報酬（簡単に言うと人件費総額）は順調に伸張してきました。２０２１年のＧＤＰは、急激な落ち込みがあった２０２０年から１・９％回復し、２０２３年も１％台後半の伸びが期待されています。

一方、ＯＥＣＤ（経済協力開発機構）諸国全体では２０１０年代はほぼ年率３～４％の成長が続いていました。この間の日本の実質成長率は平均すると年率１％に達していませんので、世界と日本の差は非常に大きく開いたことになります。

実感を持つために例えてみると、あなたがＧＤＰ１兆円の国の王様として年率１％成長で国家運営を続けると、10年後にはＧＤＰ１・１兆円になります。一方、年率３・５％で成長を続けた場合は10年後に１・４兆円になります。20年後には１・２兆円と２兆円にその差が広がります。

１％と３・５％の差を放置していると勝敗がはっきり見えてきます。日本の１人当たりＧＤＰはＯＥＣＤ38か国中20位（２０２１年）です。ドル換算のため為替の影響による目減りがあるのですが、２０１２年は10位でしたので、停滞感は明白です。製造業の賃金は日本が１００とするとドイツは１８３、フランスは１５１、アメリカは１３１です（２０１９年／購買力平価換算）。日本人サラリーマンが１０００万円を２年かけて稼ぐのに対し、ドイツ人サラリーマンは1年２か月で稼ぐということになります。

日本経済は厳しい環境のなかで緩やかながら成長をしてきました。それぞれの働き手はスキルを磨き、企業経営者は予算制約に苦しみながら新規事業開拓に取り組んできたと思います。それでも主要国のなかでは負け組になっています。そして、これから一層、日本では働き手の努力が報われない時代になります。

### ミドル世代の未来はとても暗い

とりわけ30代後半から40代・50代・60代を取り巻く環境は生易しくありません。この世代は子どもの教育費支出、親の介護費支出、自身の住居費支払いを抱えるにもかかわらず、賃金は伸び悩んでいます。それなのに給与から天引きされている税と社会保険料は増額されています。

そして、組織では予定調和的には出世できません。デジタル化に起因するフラット化、スピード化の流れで取締役と管理職の椅子は減っています。減った椅子の一部には外部から招聘される人材が座ります。

出世できないのに、仕事の難易度は上がるばかりです。２０２１年に施行された改正高年齢者雇用安定法では事業主に70歳までの就業機会確保が求められていますが、産業界では中高年世代対象の早期退職募集の増加や、事業縮小・売却等に伴う待遇悪化が常に起きています。

60代以降の就業機会確保を見据えて、なるべく早く、自らキャリアの総仕上げと、新たなキャリアへの準備を進めなければいけません。さらに、老後に受け取ることのできる年金の水準は低下が不可避です。

コロナ前のような年率1％程度の成長ではなく、最低でも他の主要国並みの年率３％程度の成長を目指さなければ、日本の働き手の待遇が良くなることはありません。それだけ厳しい環境に、私たちは置かれています。

## 局所的な人材争奪戦、賃上げ方針

企業間の人材争奪合戦が熾烈化しています。特に20代の若手、テクノロジーを支える理工系人材、デジタルビジネスを担う人材、グローバルビジネスを担う人材などの採用ニーズは高まっています。いわゆるハイクラスな採用市場では、従来の給与水準を大きく超える金額でのオファーが見られるのです。

しかし、大企業であっても地方支社を支える人材の獲得には苦労しています。大型免許を持っているドライバーは、物流会社と建設会社と運輸会社で取り合いになっています。日本では毎年のように大きな自然災害が発生しており、その復旧にはダンプカー、トレーラーといった特殊車両のドライバーが欠かせません。自然災害が起きてしまうと、被災地ではない地域でも物流が停滞します。

ファーストリテイリングが2023年1月に発表した「最大4割」の賃上げ方針には驚かされましたが、春闘シーズンでは大企業を中心に、大幅な賃上げを含む働き手の待遇改善のニュースが連日のように報じられています。連合の集計によると、2023年の春闘では3・7%という高い賃上げ率となっています。

一方で、国全体で賃上げが浸透しているとは言い切れません。大企業とその子会社や一次下請けでは賃上げが見られるものの、二次下請け以下になると賃上げ余地は限られます。また、警察官や自衛官、現業公務員の人材不足は深刻ですが、待遇改善は不十分です。

人材不足となるこれからの日本では、賃金は上昇トレンドに向かうはずです。もっとも、これには経済が成長し、内需が拡大することが大前提です。そうでない限りは、足元で起きている賃金上昇は一部の働き手だけに留まり、かつ一過性のものとなります。5年後も日本の労働者の賃金が上昇しているかどうかは、日本の経済力と国際的影響力によります。

### 大手労組職員に怒鳴られる

2017年の夏の暑い日、東京・永田町で、私は労働組合の勉強会に招いていただき、働き方改革をテーマに講演をしました。

そのなかで私が「給与は生産性によって決まります」と発言したとき、部屋の後方に座っていた大手情報通信会社のベテラン組合員の方が挙手をしました。そして、「給与は年齢とともに上がらないとダメなんだよ。君はわかっているのか！」と激高したのです。別の方からも「政府が給与を守れないことがそもそもおかしい！」との声が上がりました。

私自身は当時、政府のスタッフではありましたが日当制の待遇であり、賞与も無く、公務員共済にも加入していない立場でした。一方で私に怒りをぶつけてきた方たちは、私よりも安定した立場にあり、おそらく私の日当よりは高額な処遇を得ている大企業の労働組合職員です。怒りをぶつけられることへの違和感は尽きませんでしたが、年配の方の給与に不用意に言及してしまったことは確かなので、表現に注意をしなければと自戒した体験でした。

１９９０年代後半以降、日本企業は年功序列の給与体系（年齢給）から職能給、職務給、業績連動給などへの制度変更を進めてきました。端的に言えば、賃金決定に際して年齢や勤続年数といった要素の影響を減らし、個人や部門の業績なり貢献度合いなりを賃金に反映する方向での改定です。

２０１０年代後半以降この流れは一気に進みました。２０２０年夏にはトヨタ自動車が一律的な定期昇給を廃止するというニュースもありました。これまでは制度変更後も一定程度は年齢給の要素を残し、長期間をかけて移行しているケースが大半でしたが、最近は短期間で賃金制度をガラッと変える例が増えています。２０２１年以降、富士通、日立、ＮＥＣ、ＮＴＴ等が、人事制度をグローバル仕様にし、管理職等に専門性を求め

大企業の大卒・標準労働者の年間給与及び賞与等（万円）

| | 2021年 | 2020年 | 2019年 | 2018年 | 2017年 | 2016年 |
|---|---|---|---|---|---|---|
| 40歳 | 710 | 730 | 722 | 773 | 757 | 783 |
| 45歳 | 811 | 883 | 879 | 881 | 918 | 901 |
| 50歳 | 980 | 970 | 989 | 998 | 1002 | 1023 |
| 55歳 | 967 | 1005 | 1044 | 1046 | 1002 | 1042 |
| 60歳 | 766 | 687 | 757 | 779 | 712 | 719 |
| 65歳 | 693 | 654 | 520 | 464 | 577 | 594 |

（厚生労働省「賃金構造基本統計調査」をもとに作成）

る制度（いわゆるジョブ型雇用）に移行するという報道がありました。

世界で人材を雇用し、世界市場で戦う日本企業を、もはや日本企業という枠で捉えることはできません。日立の従業員約35万人に占める日本人の割合は半分以下です。外国人材の新規採用に積極的に取り組んでいるのは、住友電工、パナソニック、ファーストリテイリング、味の素、楽天などのグローバル企業にとどまりません。社歴で給与が決まるような仕組みを変えなければ世界で人材を獲得できません。

### 40代と50代の賃金減少

表は、厚生労働省の賃金構造基本統計調査から作成した、大企業（従業員1000人以上）に勤める大卒者の40歳以上の「標準労働者」の賃金の推移です。

「標準労働者」とは、学校卒業後直ちに企業に就職し、同一企業に継続勤務しているとみなされる労働者のことです。

これを見ると、年によるバラツキはありますが、40代と50代の賃金が減少傾向にあることがうかがえます。２０１６年の40歳より２０２１年の40歳は賃金が１割少ないのです。政府は経済界に賃上げを求めていますが、年率２～３％の賃上げが続いたとしても減少分を補うにとどまります。

現在の40代・50代は、バブル以降の低成長期のなかで社会人生活を送ってきました。厚生労働省の資料によると１９９６年から２０１５年にかけて賃金の平均伸び率はマイナスになっています。同じ企業規模で仕事をしている場合、１９９６年の50歳よりも２０１５年の50歳の方が低い賃金で働いています。

労働組合が定期昇給を勝ち取ったとしても、さらに賃金10％増を勝ち取らないと、前の世代に追いつくことができません。そしてさらに毎年３％以上の成長を実現しないと主要国の労働者との差は開くばかりで、安定した職場を守ることができません。

産業構造転換のなかで労働組合もまたボーダーレスになっています。電気自動車の時代になれば自動車、電機、電力の労働者はキャリアチェンジが避けられません。労働者個人のリスクが高まるなかで、労働者のスキル獲得、キャリア転換の支援などを通して、労働組合には新しいセーフティネットとしての役割を果たすことが期待されます。

## 社会保険料は「マイホーム」より高額

いまの世代は、20年前より減った賃金のなかから、当時よりも多く社会保険料を天引きされています。

例えば2003年に月額報酬50万円だったサラリーマンが報酬から天引きされていた厚生年金保険料は3万3950円でしたが、2023年には4万5750円になっています（同額を得ているサラリーマン）。健康保険料の天引き額は勤務先のある都道府県や健保組合の有無により異なりますが、3900万人以上が加入する協会けんぽの平均値で言えば、介護保険料と合わせて2万2725円から2万9550円に増加しています。

とくに健康保険料は「掛け捨て」で、後から戻ってくるものではありませんので、健康体の人にとっては対価の得られない負担です。健康保険料の天引きによって楽しみの多くを奪われています。

40－64歳のサラリーマンの年間社会保険料負担（被保険者負担分）推計

| 年収 | 500万円 | 750万円 | 1000万円 | 1500万円 |
|---|---|---|---|---|
| 2005年 | 63・4万円 | 89・4万円 | 112・9万円 | 134・5万円 |
| 2010年 | 70・4万円 | 99・2万円 | 127・6万円 | 150・8万円 |
| 2015年 | 76・3万円 | 107・3万円 | 137・9万円 | 162・0万円 |
| 2020年 | 77・9万円 | 109・4万円 | 141・3万円 | 166・1万円 |

（年収の25％を賞与と仮定して計算、雇用保険料を含む）

少子高齢化で、現役世代が支払う社会保険料は毎年増えています。60歳までに支払う社会保険料は平均的な給料の人でも3000万円を超える可能性があります。高給の人であれば5000万円を超えるでしょう。マイホームよりも負担感の大きな出費です。

こうした状況ですから、GDPの約6割を占める個人消費は2000年以降伸びていません。多くのミドル世代は、伸びない賃金から多額の社会保険料を引かれ、残った手取り賃金から住居費、携帯電話料金、水道光熱費などを固定費として支払います。

加えて、コロナ禍以降、生活者のデジタル関連消費が増えています。テレワークやオンライン授業のためのパソコン購入やWi‐Fi契約、ウェブカメラやイヤホンマイクの購入、セキュリティソフトの導入、ドライブレコーダーの設置など、携帯電話料金以外のデジタル関連支出も少なくありません。

あるとき、野党のベテラン議員が「何か選挙向けの政策案はないか」と尋ねてきたので、私はすぐさま「デジタル給付金5万円を全国民に配るのはどうですか」と答えました。エコカー減税があるのに、スマホ減税もWi‐Fi減税もないのですから、給付金で国民の負担を和らげるべきだといまも考えています。

## 20年間で6歳老いた日本

日本人の平均年齢は47・9歳と主要国で最も高い水準にあります。2000年時点では41・4歳でしたので、20年間で日本全体が6歳老いたことになります。平均寿命が世界トップクラスであることは多くの方がご存知ですが、平均年齢でも日本はトップクラスです。

そして高齢の就業者が増加している結果、65歳以上の就業者数は900万人超となっており、就業者の13％を占めています。
この影響は全国の職場で出ています。次の数字は、労働者100名以上の企業における、学歴別に見た管理職の比率です。独立行政法人労働政策研究・研修機構による「ユースフル労働統計2017」、「同2020」からの引用で、学歴を問わず管理職への昇進年齢は後ろ倒しになっていることが分かります。

労働者に占める部長比率（企業規模100人以上、大学・大学院卒、男女計）

| | 40−44歳 | 45−49歳 | 50−54歳 | 55−59歳 | 60−64歳 | 65歳以上 |
|---|---|---|---|---|---|---|
| 1990年 | 5・9％ | 20・3％ | 32・6％ | 29・4％ | 15・0％ | 9・9％ |
| 2009年 | 4・0％ | 12・0％ | 18・6％ | 20・6％ | 18・3％ | 6・2％ |
| 2019年 | 3・3％ | 7・2％ | 13・9％ | 17・0％ | 14・8％ | 13・2％ |

右の表には1990年、2009年と2019年の部長比率が表されています。2009年は大学・大学院卒の50代の20％ほどが部長に就任していますが、1990年と比べると、60歳未満のすべての年齢層で部長比率の減少が確認できます。加えて、部長昇

進が遅くなっていることもうかがえます。1990年は50代前半（32・6％）が比率のピークですが、2009年は50代後半（20・6％）がピークとなっており、2019年には65歳以上の比率増加が見られます。課長でも同様の傾向となっています。なお、ここで言う部長には部長「級」の役職も含まれています。

大学・大学院卒だけでなく、高卒でも同様に管理職比率の低下傾向が見られます。

作家の城繁幸氏が2010年に『7割は課長にさえなれません』（PHP新書）という本で指摘をしている通り、出世の状況は厳しくなっています。

日本の大企業は1990年代以降、階層のスリム化、組織のフラット化を進めてきました。中間管理職の数を減らし、迅速な意思決定と業務遂行をする体制に転換してきました。IT化の影響により人材管理やコミュニケーションのコストが減ったこともスリム化・フラット化を後押ししてきました。部課長だけでなく取締役の人数を絞る会社も増えています。

政府が推進するコーポレートガバナンス改革により、特に上場会社では取締役の資質が厳格に問われるようになったり、社外取締役の登用が広がったりしていることで、社歴が長いだけでは取締役に就任することが難しくなっています。

賃金が伸びず、出世の道が狭まると何が起きるか。ミドル世代のモチベーションが低下します。大企業や中央省庁の場合は、部長職に就けない人材を関連組織の部長職に転籍させることでキャリアの道を用意することができますが、そうした道を用意することができない中堅企業や中小企業では、部課長になれないミドルに対して、何らかの新鮮味のある肩書を付与してプロジェクトを任せたりすることで、モチベーション向上を図るのが一般的です。

管理職になることだけが職業人生の目標ではなく、管理職に就いていなくても専門性を発揮して組織の中核的人材になっている方たちはたくさんいますし、管理職になったからといって生活が良くなるとも限りません。昇進・昇格が難しくなっている時代において、どのように自分自身の能力を磨き、成長を実感できるようにするか。そして昇進・昇格した際にどんなことにチャレンジするか。新たな課題を突き付けられています。

## ベンチャーに転職しても

大企業からスタートアップへの転職は増えています。

経済産業省のウェブサイトによると、スタートアップへの転職者の82％が、大企業でイノベーションを起こすことに限界を感じたからと回答しています。私の周りにいる30代～40代の大企業人材たちも「今のままでは時代に取り残されると思った」（銀行員30代男性）、「仕事があまりにも細分化されていて、他部署の仕事を手伝おうとしたら怒られた」（通信会社40代女性）という理由でスタートアップに転じました。なかには「週5日23時まで働く状況では2人の子どもの未来に責任を持てない」（国家公務員30代男性）という思いがきっかけでスタートアップを興した友人もいます。

私はこうした人材の動きはとても良いことと思います。意欲的で能力が高い大企業社員がスタートアップなどベンチャー企業に移って革新的な価値を創出することが、経済社会の発展には不可欠です。待遇面でも、最近のスタートアップは大企業のミドルクラスの水準を超える年収を用意していますし、勤務時間や場所の柔軟性が高いケースも多く見られます。ストックオプションを得ることができれば、いずれ巨額の利益を手にする可能性もあります。

ただし、「中小企業やベンチャーに移れば、経営幹部としての扱いを受けられるだろう」と考えているのであれば、それは間違いです。

大企業よりもベンチャーの方がより資本主義の荒波にさらされており、投資家のプレッシャーが常に経営陣を直撃しています。成長途上の状態で出資金を引き揚げられたり、追加出資を得られなくなっては事業を続けられないので、投資家を説得できる成果を出さなければいけません。相応の営業キャッシュフローの獲得か、先端的ナレッジの獲得・開発か、何らかの企業価値向上の材料を求められます。

そのため人材要件が厳格です。

事業開発責任者になりたければ、自分自身でゼロから事業を立ち上げた経験が求められます。若手の場合はポテンシャルを認められれば採用されますが、ミドルの場合は単に事業開発に関わっただけでは不十分で、企画、予算獲得、業務遂行、成果に責任を持った経験を問われます。

営業責任者になりたければ新規営業をやりきる覚悟が必須です。大企業のルートセールス型営業とは全く違う業務です。知名度も信頼もゼロの状態から、電話営業、DM、訪問営業を駆使しなければいけません。詳細かつ分かりやすいプレゼンも求められます。マーケティング責任者を目指すならSNSからテレビCMに至る様々なデジタルマーケティング手法を使いこなすスキルが求められます。経理や財務のスタッフは、財務戦略を立案でき、外部資金獲得までできる人材が期待されるでしょう。

就業契約に関して言えば、取締役はもとより、執行役員・部長級のポジションでも２～３年の期間を定めた委任契約となることが少なくありません。委任契約とは組織に長期雇用される正社員ではなく、プロとして組織と対等な関係で働くということです。雇用保障という概念も残業代という概念もありません。その認識が違っているようであれば、安定企業の正社員でいることをお勧めします。

ベンチャー経営者は新しい仕組みを作ろうとしている人です。一方で大企業人材の多くは、仕組みのなかでビジネスをしている人です。私は通算10年ほど大手広告会社に所属していましたが、得意先からの業務委託でマーケティングキャンペーンをやるということと、自分自身が主催者としてキャンペーンをするということでは、必要な能力の質がまったく異なることを痛感しました。主催者は周囲からの批判にさらされながら、アイデアをまとめる能力、資金を獲得する能力、人を集める魅力、赤字を受け入れる度量を発揮しなければいけません。業務委託でキャンペーン業務をする人材はこうした能力やマインドを発揮するわけではありません。

自分で仕組みを作ること、そのためにリスクを負えること。ベンチャーに基幹人材として転身することは、脱・会社員ということに近いのです。その立場になることを心底望む人は、ベンチャーに一日も早く身を投じるべきです。ベンチャーで厳しい経験を積んで、数十億円規模の資金調達ラウンドに関与することができれば、その経験はどんな企業にも評価されます。高難度の国家資格を取得するよりもキャリアを押し上げる効果があります。

## ダウンサイジングする社会保障

先ほど現役世代の給与から引かれている社会保険料が増えていることに言及しましたが、将来受け取ることができる年金が増えるなら、負担が増えても納得はできます。しかしながら、おそらく高い確率で、将来受け取ることができる年金は現行水準よりも目減りします。

政府は5年ごとに行なう「財政検証」(「国民年金及び厚生年金に係る財政の現況及び見通し」)を基に、公的年金給付額の将来推計を公表しています。直近では2019年8月に厚生労働省社会保障審議会年金部会で公表されています。それによると、2040年代半ばには、現役男子の平均手取り収入額に対する年金給付額の水準は50%を割り込むことが見込まれています。

年金制度は「仕送り」のイメージで運営されており、支給のために必要な財源をその時々の現役世代の保険料収入から用意する方式になっています。その方式のもと、政府は公的年金給付額の決定（裁定）にあたり、現役男子の平均手取り収入額の50％を下回らないことをベンチマークとしていましたが、公表された推計では、この水準を維持することは極めて困難であることがうかがえます（専門家の間では20年以上前から共有されていたことですが）。

「所得代替率」とは現役世代の平均的な手取り賃金に対する「モデル年金」の比率ですが、多くの人には何のことだかわかりません。簡単に言えば、あなたが65歳になったときに現役男性の平均手取り賃金が40万円で、あなたが24万円の年金を受給するとすれば、所得代替率は60％となります。この所得代替率は今後の低下が避けられません。2004年に決まった「マクロ経済スライド」という制度によって年金給付は毎年最大0・9％のマイナス改定がされるからです。

2019年の財政検証では、経済成長や労働参加などの仮定を複数置いて6つのケースを公表しています。最もよいケースは「全要素生産性上昇率1・3％、物価上昇率

2・0%、実質賃金上昇率1・6%」などの前提が置かれていますが、アベノミクス下において物価上昇率が2・0%を超えたのは増税が行なわれた2014年だけであり、それ以外はほぼ年率0%台です。実質賃金上昇率1・6%は21世紀の日本では一度も実現していません。2023年は実現の兆しがありますが、毎年持続的に上昇していく必要があります。全要素生産性は過去20年間で平均0・8%の上昇率に留まっており、1・3%を超えるには、これまでの仕組みが抜本的に変わらなければいけません。

そして、仮にこの困難な数値を達成したとしても、給付水準の目安となる所得代替率は約10ポイント低下する試算になっています。

〈最も経済成長と労働参加が進む「ケースI」の場合〉

| | 夫婦の年金額 | 現役男子の手取り収入 | 所得代替率 |
| --- | --- | --- | --- |
| 2019年度 | 22・0万円 | 35・7万円 | 61・7% |
| 2024年度 | 22・3万円 | 36・7万円 | 60・9% |
| 2040年度 | 25・0万円 | 46・1万円 | 54・3% |
| 2046年度 | 26・3万円 | 50・6万円 | 51・9% |

２０６０年度　32・7万円　62・9万円　51・9％

人不足と人余りが同時進行

人口減少下の日本では多くの職場で人不足が深刻化していますが、より正確に捉えると、人不足と人余りが同時進行しています。

コロナ禍に襲われる前の２０１９年秋の有効求人倍率は約１・５でした。これは仕事を探している人１人当たり１・５の求人がある状態です。これが半年後の２０２０年６月には１・１になりましたので、コロナ禍の求人減少がいかに急激かつ深刻だったかがわかります。２０２２年秋以降は１・３程度に回復していますが、コロナ禍前の状況に戻るのか、楽観はできません。

職業別にみると「外勤事務の職業（集金人、訪問調査員等）」「接客・給仕の職業（飲食店、旅館・ホテル・乗物、娯楽施設等の経営者や接客・給仕スタッフ）」は、コロナ禍の外出自粛、観光客減少、リモートワーク普及で求人が激減しましたが、２０２３年初頭にはそれぞれ4倍超、３倍超とコロナ前同様の水準となっています。人を確保できず、デジタル投資もままならないために閉店あるいは営業時間短縮を余儀なくされている飲食店が各地で相次いでいます。建設関係の職業は深刻な人不足が継続しており、建設躯体工事や土木の職業では1人当たり6から10の求人募集がある状況です。建設分野でもデジタル化が進んでいますが、建物の骨組みを鉄筋で組む作業やコンクリート壁を作る作業をパソコンがやってくれるわけではありません。同様に介護サービスの職業も人不足が常態化しています。

一方で、人不足が深刻化していたコロナ禍前も、人が余っていた職業があります。一般事務職は景気拡大期も0・4から0・5であり、会計事務職も0・4から0・8で推移しています。技術者不足が言われていますが、製造ラインを支える製造技術者は0・8程度の倍率であり、デジタル分野のハード、ソフトの技術者や建築・土木・測量技術者の人不足の状況とは大きく異なっています。

「AIやロボットが職を奪う」という議論がありますが、求人状況から見えるのは日本経済の存在感の低迷が職を奪っているということと、いくつかの職ではAIやロボット活用などで人不足を解消しなければいけないということです。そして、事務職のように人余りの職の場合、複数のスキルを身につけるか、スキルのレベルを高めないと職に就けなくなるのです。

# 第2章　社内キャリアチェンジか、転職か

### 上司や同僚は出世しても

明るい話をしようと試みましたが、第1章では悲観的な未来を語ることになりました。組織で長く働いていると、何年後に部長になって、何歳で役職定年になり、その後は給料2割カットで65歳まで勤める、という具合に、頭のなかで職業人生を確定していきがちです。実際にそのように出世する上司や同僚がいるからです。そうなると、「部長のポストに就くまでは大胆なチャレンジはせず、社内で目立たないように振る舞い、役員の指示通りに行動する」という日々を送ることになります。

それでもよいのですが、思惑通りに出世できない可能性は高まっています。日本では労働の価値は低下しています。真面目に働き、組織の価値に貢献していたとしても、収入は下がり、支出は増えています。管理職ポストは減っています。正社員で年齢給（年

功序列）のもとで就労していると気づきませんが、固定資産が減価償却されるように、組織での働きを通して、あなた自身が減価償却されている可能性があります。

一方で、私たちの周りには、様々な制約を超えて伸び伸びと生きている人たちもまた、少なくありません。

職業人生の後半を過ごすミドルにとって1年という時間は貴重です。これまでの仕事を続ける場合、どのような立場でどのようなスキルを活かして続けるのか。新しい領域にチャレンジする場合、何をどのような立場でやるのか。数ある選択肢の前で立ち止まることなく、選択を楽しむことで、キャリア感に余裕ができます。いまの仕事で希望する未来が描けないのなら、悩まずに転身すればよいのです。あるいは、いつでも転身するつもりになって、いまの仕事の改善にトライしてもよいのです。

続けるなら、早めに選ぶ

働くことは義務ではありません。もちろん誰もが真面目に義務感を持って働いていますが、そこに楽しさと独自性と創造性を追求する視点が、あって良いはずです。

いまの会社で会社員を続けるのであれば、専門性の高いスペシャリストを目指すか、チームを支えるバックオフィススタッフ（本社機能）として存在価値を高めるか、経営の一翼を担う幹部を目指すか、大きく言ってこの3つから自分が望む働き方を決めなければいけません。

経営幹部を目指す場合には、より経営戦略にコミットするプレーイングマネージャーなのか、実務遂行で高い成果を挙げるマネージングプレーヤーなのか、あるいは社内起業家を目指すのかという選択があります。どれを目指すのかで、積むべき経験、高めるべきスキル、読むべき本、見るべきウェブサイト、出会うべき人が異なります。人生の持てる時間を有効に、前向きに使うためには、キャリアプランの決定が欠かせません。

あるいは、転職したい、起業したい、政治家になりたい、はたまたタレントになりたいというのであれば、そのための第一歩を早く踏み出さないといけません。

よく「いまの会社の規則があって副業できない」という人がいますが、その場合は副業に該当しない無償・低報酬でのアドバイス提供や、アイデア出しに協力することを通して起業家や政治家に伴走することで、その人材が持つ能力とマインドに触れると良いでしょう。単に異業種交流会で名刺交換をして飲食を共にするだけでは人脈は作れないので、互いのビジネスに伴走する機会を作ることが重要です。

私の場合は30代前半のサラリーマン時代に、政治家の政策立案活動を週末・平日夜間に、無償で精力的に行なっていました。海外の政策を調べたり、役所の予算書を熟読したりして、どのような政策をどのような仕組みで実現できるのかを考えた経験は、脱サラ以降の活動に非常に役に立っています。

キャリアプランが明確に決まれば突き進むのみですが、必ずしもどれか1つを選んで貫徹する必要は無く、2つか3つのプランを視野に入れて、いろいろな可能性にチャレンジすることもできます。トライしてみて自分に合ったプランが見つかれば突き進めばよいし、違和感があれば変えればよいでしょう。

もし転職してうまくいかなかった場合にも、再転職や「出戻り」をすれば良いのです。身の回りを見ると転職して1年以内に再転職をしている人は決して少なくありません。厳格な人事慣行の中央省庁ですら、近年は出戻り職員の受け入れが増えています。

受け入れる側からすると、出戻り人材は退職時点から能力が高まっている場合が多いので、「金の卵」でもあります。自分自身を金の卵にするためにも、楽しくキャリアプランを練って、行動してみることです。

## おにぎり屋のＰＤＣＡ

独立・起業をして軌道に乗った人たちに「なぜ上手くいっているのですか？」と聞いてみると、それぞれ全く違う答えが返ってくるはずです。ある人は「仲間のおかげ」と言い、ある人は「気合い」と言い、ある人は「目利き力」と言うでしょう。あるいは「全部、運」かもしれません。

総じて言えるのは、自分で自分の舞台を作って活躍している人たちは必ず、自分自身で計画（ＰＬＡＮ）をし、行動（ＤＯ）し、評価（ＣＨＥＣＫ）し、改善（ＡＣＴＩＯＮ）するＰＤＣＡサイクルを、何度も回しているということです。成功しているチームは、チーム一人ひとりがＰＤＣＡの全工程に責任を負っています。

例えば、自分でおにぎりを作って駅前で販売することを考えてみてください。思いつくだけでもたくさんのタスクが必要です。食品衛生面の許可を取得、開業届の提出、駅前広場の使用許可取得、アルバイトの雇用、お米と具材の購入、ウェブでの告知、炊飯器でお米を炊く、おにぎりを作る、包装をする、通行人に声をかける、購入者からおカネをいただく、販売後に売上と費用を計算する――。

もしこの工程のなかで、お米と具材の購入を他人に丸投げしていたら、その人はおにぎり屋として成功するでしょうか？　通行人への声がけをアルバイトに任せておいて、「キミが努力しなかったせいで売上が伸びなかった」と愚痴をこぼす店主は成功するでしょうか？

成功を目指す店主であれば、商売の課題を摑んで様々な仮説を立て、試行錯誤をしながら、ミスの極小化と、品質の向上のために、何度もＰＤＣＡサイクルを回すはずです。そうすることでのみ、独自のビジネスを生みだすことができ、自分ならではの価値を消費者に提供できるようになります。

駅前広場の使用条件、具材の値上がりや品切れ、アルバイト店員の勤務実態、顧客からの苦情と要望。全工程に責任を持っていない店主は、商売に不可欠な情報を的確に把握することができません。ＰＤＣＡのＰに欠陥があるということになります。それでも上手く波に乗ることができる可能性もありますが、いずれ必ず間違った事業展開をしてしまうでしょう。

考えてみると、ほとんどの会社員はＰＤＣＡ全体に責任を持つ環境にありません。

おにぎり屋の例で言えば、通行人に声をかけて、購入者からおカネをいただく部分が営業のミッションで、お米と具材の購入までの部分が、総務、人事、調達・購買といった「バックオフィス」のミッションです。想定外に多く売れた場合、営業マンは自分の成果と思いがちですが、バックオフィスが採用したアルバイトの働きが良かったり、安全でおいしい具材が調達できたりすることも不可欠な要素と考えられます。

安定企業の会社員の大半は、実態として「○○会社の○○部」の業務範囲内で就業しています。他の部門がどんな状況にあって、どんな知恵を持っているかわからないまま、問題が発生したときには責任の押し付け合いをし、業績が良いときは手柄の取り合いをします。

5人組のアイドルグループの1人がライブのクライマックス場面で失敗しました。ダンスの振りを間違えたのです。このとき、グループのリーダーが「彼がミスをしたせいで今日のライブは失敗しました」と発言したとしたら、どうでしょう。ファンは離れていくはずです。プロはビジネスの全工程に直接タッチするわけではなくとも、仲間の失敗も含めて、全工程に責任を持たなければいけません。

役員に昇進となれば、あるいは独立・起業すれば、すべてのステークホルダーに対して責任を持つことになります。そのため、所属部署の仕事をこなしつつ、他部署が持っている情報や、発揮している役割を把握して、ビジネス全体を改良するための仮説を練ってみるなど、将来に向けた心構えをしておきたいところです。

「現場から離れる」はチャンスかも

企業が収益力を高めるためには、いわゆる本社機能、総務、人事、経理、営業事務などの「バックオフィス」の人員や予算を縮減することが常套手段とされています。大手コンサルティングファームは顧客企業に対してバックオフィスのアウトソーシングを推奨しますし、会計や労務管理分野のクラウドサービス企業はこぞってバックオフィスの業務効率化のメリットを訴求しています。

限られた人員と予算を営業、サービス開発、顧客サポート部門などに重点的に配置することは、収益拡大のために必然的なことです。ですが、バックオフィスが企業の生産性向上、企業価値向上を本当に阻害しているのかは、十分に解明されていません。

独立行政法人経済産業研究所（RIETI）で公表されているディスカッションペーパー「本社機能と生産性：企業内サービス部門は非生産的か?」は、日本企業のバックオフィスの業務は高度な非ルーティン業務の比重が大きく、企業の戦略的な経営判断に深く関わっていると指摘しています。例えば従業員の健康増進施策の企画運営とか、人材採用に係る候補者のスキル確認や交渉、採用イベントの企画運営、金融機関との折衝、取締役会の運営、経費管理などの業務は、マニュアルに沿った定型作業ではなく、相応の知識とクリエイティビティが求められます。

社会保険の事務は非常に複雑です。健康保険、厚生年金、労働保険それぞれで事業主負担分と本人負担分の算定と仕訳、従業員の居住地ごとに異なる住民税額の把握など、集中力と根気がなければ遂行できない業務です。そしてこの業務は企業全体の人的資本管理戦略を決めるうえで不可欠です。海外の経営学研究においても、バックオフィスが小さい企業ほど業績が良いという結論は出されていません。

営業部門から見ると、バックオフィスのスタッフは顧客と直接向き合わず、営業キャッシュフローへの直接的な貢献が見えづらいので、「コストセンター」と映ります。そのためコストカットの対象になりがちですが、バックオフィスは収益の源泉を作ることに貢献していますので、「アセットセンター（資本創造機能）」とも言えます。

ミドルになれば、自分の業務を究めるだけでなく、ビジネスのフロー全体で稼ぎがアップすることを意識しなければいけません。それが「経営者感覚」であり、自分の存在をより高みに持っていくために不可欠なものです。

会社員はいつまでも自分が望む部署にいることができるとは限りませんし、仲の良かった顧客との関係性も永続するとは限りません。営業や企画開発の現場でバリバリ活躍している人は、いざバックオフィスへの異動を命じられたらキャリアダウンと捉えてしまいがちですが、バックオフィスの知識とクリエイティビティなくして企業価値は保たれないのです。

バックオフィスに移ることはチャンスかもしれません。仮に異動を拒否して転職をするにしても、ビジネス全体のフローへの理解がないまま自分の業務だけにこだわっていては、いつまでたってもビジネスを楽しむことはできません。周囲からは独り善がりと判断されてしまいます。

## 「勝ち組」には簡単に勝てる

有名企業で若くして年収1000万円を超えている人は、一般的に「勝ち組カテゴリー」に分類されます。ところが、彼ら彼女らよりも才覚と行動力に富み、華々しい社会的実績を挙げている人たちのなかには、年収を追求せず、社用車も個室も秘書も持たずに活動している人たちがいます。年収や役職という物差ししか持っていない勝ち組サラリーマンには絶対に到達できない環境に、そうした人材はいます。

「気の合う仲間を集めて、同じ方向を向いて新しいサービスを作りたい。年収2000万円なんていらなくて、600万円もあれば十分」

若くして株式上場や事業売却によって巨額のおカネを手にした起業家の間では、こうした価値観を持つ人が少なくありません。30代で数十億円を手にした友人は、新幹線は自由席、飛行機はエコノミークラス、出張時のホテル代は1泊8000円以内、タクシーには「待ち合わせの相手に迷惑がかかるとき以外は」ほとんど乗らない、というポリシーです。

イベントで目にする孫正義さんの服装も、とてもカジュアルで庶民的です。

起業家とその周囲にいる人たちは社会課題を解決するためのテクノロジーやビジネスアイデアを常に求めていて、思いを共有して一緒に行動できる人材を常に探しています。自身が興味を持つテーマの学術論文や政府資料を読みこなし、学会等に出向いてネットワークを築くこともあります。起業にチャレンジする仲間を応援するために1000万円単位の資金を投じることもあります。自分の消費（衣食住）は節約し、時間と知識と仲間には惜しまず資金を投じます。

2019年に株式上場を果たしたある60代の起業家は、釣りが趣味で、頻繁に離島に足を運んでいます。あるとき海岸に流れ着くペットボトルを見て、海洋プラスチックごみによって海の生態系が脅かされている現状に危機感を覚え、この問題に取り組む研究者を探し回りました。そして九州のある大学の研究チームと出会い、チームの研究を応援するために1億円を寄附しました。

起業家は、生活者としては年収600万円レベルの消費行動をし、事業家としてはその100倍のおカネを時間と知識と仲間のために動かすという行動を取ります。

私はビジネスリーダーと言える立場ではありませんが、数名のスタッフを雇用して零細組織を運営してきました。コロナ禍でスタッフの待遇改善や設備投資のため自分自身の報酬を2割カットしたのですが、このときなぜか嬉しい気持ちになりました。サラリーマンは自分の給与を自由に決めることができませんので、事業家だからこそ取ることのできる行動です。起業を楽しむビジネスリーダーたちはみな、こうした嬉しさを経験していることと思います。

年収や物的条件で勝ち組、負け組とレッテルを貼るのは本当に無意味です。自分ならではの価値尺度を持って行動することができている人は、みな「勝ち組」です。

## 「失いたくないもの」を洗い出す

友人、先輩、後輩から、私は毎月のようにキャリアの相談を受けます。

中央省庁に勤める40代半ばの友人からは、すでに9年前から相談を受けています。彼は人当たりも良く、幅広い人脈を有し、国際経験もあり、勤務態度も良好です。担当業務に不満があっても愚痴を言うだけでなく上司に改善策を示すような実直な人物ですので、私も自信をもっていくつかの企業に彼を紹介したことがあります。

「国を良くするために、行政の枠を超えて、自分の能力を使いたい。30代のうちに民間セクターでキャリアを作っていきたい」

そう言っていた彼が40代になって数年経ちました。転職するか否かは本人の決断ですので、私が批評するべきことではありません。彼は順当に昇進もしているので、いまの立場を通して自己実現が図られているなら、転職する必要も無いでしょう。でも、彼は私に会うと常に「転職したい」と訴えてきます。

「仕事にも待遇にも大きな不満はないが、行政の枠のなかで仕事をするだけでは思い描くキャリアが築けない」

それならば、早く転職に向けて行動をしないと時間がどんどん過ぎていきますが、彼は人材会社に登録をすることもせず、ただ不安を打ち明けるのみです。

彼がなぜ転職を決断できないのかを探ると、一つは様々な経験を提供してくれた職場への恩義。もう一つはいまの仕事で培った人間関係を失いたくない、ということのようです。ただし、繰り返しになりますが、彼が思い描くキャリアはそこには無いのです。

行動経済学でしばしば用いられる「プロスペクト理論」では、多くの人は利益が得られる場合にはリスク回避の選択をし、損失が生じる局面ではリスクのある選択をする傾向があるとされています。例えば、転職先で年収その他の就業条件が良くなる可能性が60%、そうでない可能性が40%である場合に、60%よりも40%という数字の方を大きく評価してしまい、転職をせずに現状維持の選択をするということです。

現在の職場での交友関係、家族からの評価、職場への恩義、自分に託された信頼、現年収・福利厚生、勤務先の企業文化やブランド……。失いたくない要素が多ければ多いほど、転職や独立の決断はできなくなります。転職によって年収が20%アップし、新規事業の責任者を任せてもらえると言われても、現勤務先のポストを失いたくなかったり、社名に愛着があり、上司からの信頼に応えたいと思っていたり、部下との関係が良好だったり、現在の社宅を離れたくないと思っていたりする人には、転職の決断はできないでしょう。

長く同じ組織に勤めていて、相応の経験とスキルを持っている人たちの場合は、「失いたくないもの」が石垣のように堅牢に積み重なっていて、転職どころか学習、副業も考えられない人が少なくありません。

ある社会人教育スクールの営業担当者はこう語っていました。

「ＭＢＡプログラムの受講者は若い女性が多いんです。ミドルの男性の場合、転勤や異動があって通えなくなる可能性があると言って、なかなか申し込んでくれません。若い女性の場合は、いざ転勤や異動になったときに受講方法を変えれば良いと柔軟に考えている人が多い気がします」

自分自身の可能性を広げるためには、「失いたくないもの」を減らすしかありません。そのためには信頼できる友人に相談して、まずは自分自身がどれだけ多くの「失いたくないもの」を持っているのかを洗い出すと良いでしょう。所属企業のブランド価値は本当に高いのか、担当している事業が今後の産業構造変化のなかで将来性があるのか、大都市圏を離れて地方で働くことはデメリットが大きいのか、転職したら人脈は本当に失われるのか、といった要素を、自分以外の人の価値観を通して判定してもらうのです。

この作業を実際にやった人がいます。

大手出版社出身で、現在は北海道で活躍している40代の社会起業家は、地域活性化に取り組みたいと思ったまま決断ができず10年が過ぎてしまったある日、一足先に起業をした後輩を食事に誘って、この作業をやったそうです。その結果、彼が守りたいものは「現年収の80%の収入確保」「裁量が多いこと」の2つに削減され、転身を決断しやすくなりました。当初は東京を離れることに不安があったものの「職場の近くに空港があればＯＫ」という考えになり、いまはまったく不自由を感じていないそうです。

### 撤退戦略を立てる

事業拡大を続けている企業の経営者は、「撤退戦略」を明確に持っています。

美容室Ａｓｈを運営するアルテサロンホールディングスはコロナ禍でも新規出店を続ける一方で、都心の旗艦店を閉店させました。同社創業者の吉原直樹氏は「ウチは出店も早いが撤退も早い。環境が変わったときに事業をすぐに改めるのが経営者の責務」と私に語ってくれました。

Ｍ＆Ａ強者のソフトバンクや日本電産といった会社も、有望企業を買収する傍らで、企業売却（事業売却）を積極的に行なっています。これは、買収企業をバリューアップして売却することで収益を上げるという側面と、新しい事業に取り組むためのおカネとヒトを既存事業からの撤退・売却によって調達している側面があると捉えられます。

成長する組織や人は、自身の活動を辞めることに長《た》けています。イーロン・マスク氏は起業を決意してスタンフォード大学大学院を２日で退学したとされています。時間は有限なので、何かを辞めなければ新しいことはできません。財布から発想しても、新しいモノを買うには既存の支出を見直さなければなりません。

またＴｗｉｔｔｅｒ社を買収して２か月後の２０２２年12月、「自分はＣＥＯ（最高経営責任者）を降りるべきか否か」と二択のアンケートを投稿して人々を驚かせました。結果は57・５％が「降りるべき」と答え、マスク氏は「次のＣＥＯが見つかったら自分は降りる」と表明しています。２０２３年５月には新ＣＥＯ候補者が公表されました。

日本企業は既存事業からの撤退が遅いと言われています。政府の未来投資会議でも、引退した元社長が会長なり相談役なり顧問なりの立場で社屋に留まり、「あの子会社は残すべき」などと意見し、現経営陣の意思決定を上書きするような慣行を廃すべきとの指摘が再三なされていました。

「会社員の名刺を捨ててみようかな」と思いつつも、独立することに悩んでいる場合には、撤退戦略を持っていれば、気分が楽になります。2年やってみて結果が出なければ前職に復帰する、と考えておけばチャレンジが怖くなくなります。

### おカネの色を見極める

おカネには色があります。独立してビジネスを軌道に乗せている人は必ず、おカネに色を付けています。

カフェでの支出が個人の支出なのかビジネス上の支出なのか。前者の場合は味におカネを払っているのか、それとも「息抜きのための場所」におカネを払っているのか。後者の場合、会議費なのか交際費なのか。「この支出は何のための支出か」ということを理解する感覚はすべてのビジネスパーソンに不可欠です。

フリーライターで原稿料をクライアントから受領している人の場合、クライアント側があなたへの支出をどのように位置づけているのかを探ることが不可欠です。原稿執筆の対価という位置づけで支払われているのか、それともあなたをライターではなく戦略的に重要なパートナーと位置付けてフィーを支払ってくれているのか。前者であればあなたへの支払いは「単なるコスト」ですが、後者であれば「未来投資的な意味合いのあるコスト」です。業務委託を受ける側は常に受領する金額の多寡にばかり関心が向きがちですが、支払われている金額の意味合いに関心を向ける方がはるかに重要です。ビジネスリーダーはみなこのマインドを身につけています。

コンサルティング会社に勤めていた20代後半の頃、新たに顧客となってくれた企業のトップと面会しました。話し好きで有名な同氏は長い談笑の最後にこう言いました。「キミたちのスキルは当社に必要だが、今後は戦略的パートナーになるよう努力してほしい。いまはまだおカネを払えば相応の結果を出してくれるチームでしかない」

面会からの帰路、先輩たちは怒りはじめました。なんて失礼なんだ！　我々の提供するサービス価値は高いんだ！　というのです。

企業のトップにとってコンサルティング料とは単なるコストであり、自販機で飲料を買うことと同じです。ですが、あのトップは違うことを私たちに伝えようとしていました。コンサルティングサービスの価値の高低ではなく、経営リスクを一緒に背負って、一緒に利益を分かち合えるような関係になりたい、という次元の話をしていたのです。

先輩たちはカッカするばかりで、その真意に気づこうともしませんでした。

大企業のビジネスパーソンの多くは、日々のノルマに追われ、おカネの色に着目する余裕を持ち得ていません。この点では身一つで起業に尽力している若手起業家の方がはるかに恵まれています。自分たちが得たおカネの「色」にも注目しなければならないのです。

メディアで「A社がB社に出資をする」と報じられているときに、その意味合いが何であるのかを調べてみることも、おカネの色を理解する機会になります。グループ全体で新規投資をするために子会社の経営資源を集中させるとか、デジタル人材確保の観点から新興テック企業を買収するとか、不採算事業の整理統合をするとか、企業間の投資行動にはいろいろな思惑があります。

それを見ることで「いまはスマホが売れていないんだ」とか「あの会社の事業の柱って実は不動産だったんだ」と知ることができれば、ビジネスを構造的に捉えられるようになっていきます。

# 第3章　自分の資産価値を見極める

## 労働者、地主、事業家

サラリーマンとして長い時間を過ごしてきた40代・50代・60代にも多くの可能性があります。60代になってから上場会社づくりにチャレンジしている人も少なくありません。

２０１９年６月、金融審議会の市場ワーキング・グループの報告書公表をきっかけに「老後資金２０００万円」が話題になりました。夫65歳以上、妻60歳以上の夫婦のみの無職世帯では毎月５・４万円ほどの家計収支赤字が発生しており、これが30年間続くと合計２０００万円に達する可能性があるという試算が示されていたからです。

資産不足危機を乗り切るために長期分散投資をするべきという提言、また金融資産が少なくても他の資産を増やすことができれば、あなたの価値を高めることができ、高齢期になっても自身が望む生き方を実現することが可能になるという趣旨のことが書かれていますが、「2000万円を持っていない高齢者は見捨てるのか」「政府は年金をカットするのではないか」といった批判が殺到し、本質的な議論が深まりませんでした。

この報告書は、日本人の60代前半の数的思考力や読解力のテストのスコアはOECD諸国の40代後半の平均値と同水準であると指摘をしてもいました。

年配者が新しい生き方に挑戦するためのハードルは下がっています。銀行を退職後にパソコン通信を始めて81歳でiPhoneアプリを開発した若宮正子さんのように、これまでの人生では経験できなかった新しい仕事に出会って成果を挙げることが可能ですし、若い頃の夢にチャレンジすることもできます。私は市民ランナーとしては走力が高い方ですが、東京マラソンで何人かの70歳以上のランナーの後塵を拝しています。

前章では、同じ会社にいることを選ぶにも「スペシャリスト」「バックオフィススタッフ」「経営幹部」と3つの選択肢があること、さらには転職する手のあることを整理してきました。じつはもうひとつ、自分自身の「型」を考える必要があります。

10年以上前になりますが、学生起業を経験した友人たちとの会合で「社会人としての生き方には労働者、地主、事業家の3つの型がある」という議論をしたことがありました。そのときの結論は、「労働者型以外の型で生きていけるように努力するべし」というものでした。

「労働者型」とは労働を事業主に提供することで生計を立てる生き方のことで、大半のビジネスパーソンはこれに該当します。部長であれ新入社員であれ、正社員であれパートタイマーであれ、労働の対価として給料が発生しているのであればこの型になります。

「時給制ではなく月給制で働いているので、正社員は時間単位での労働ではない」という反論があるかもしれませんが、月給制は所定労働時間×時間単価がベースになっています。その証拠に、残業代は時間単価をもとに算定されます。月給制で残業代がもらえる立場ならば労働者型です。年俸制であっても実態が時間単価をベースにしているケースでは労働者型です。労働者型においては係長、課長、部長へと昇進することや、やりがいのあるプロジェクトを任されること、裁量が増えることが職業人としての目標になります。

## 競争の厳しい「地主型」「事業家型」

地主とは一般的には不動産収入で生計を立てている人のことで、「地主型」とは専門スキルや独特の存在感で収入を得ることができる働き方を指します。

例えばプロスポーツ選手は「1時間プレーしたから○○円」という評価ではなく、その人のプレー力、影響力、存在感などで報酬が決まります。その他、グローバル企業で高額報酬を得ている人材や、社長よりも年収の高い大手証券会社トップ営業マンなど、社会通念に照らして極めて高額な年収で雇用されているプロフェッショナル人材、様々な取引先から「あなたに仕事を依頼したい」と指名されるクリエイター、行列のできるラーメン屋のオーナー、執筆や講演で引っ張りだこの評論家、大勢のファンを抱えている音楽家などは、時間単価の労働を提供しているのではなく、あたかも地代で暮らしている人のように、その人ならではの専門スキルや独特の存在感から収穫を得ています。

一方で地主型人材は厳しい競争にさらされており、常にスキルや存在感をブラッシュアップしないと稼いでいけなくなります。テレビ出演をしている評論家が長くその場にいられるかどうかは本人の努力によります。

物件の借り手がいなければ賃料を下げるか、さもなくば改築投資をして魅力を高めることが必要なように、自己投資を継続することが地主型として生きている人たちの必須要件になります。

「事業家型」とは、文字通り自らの事業で価値を創出する働き方です。規模の大小を問わず自ら意思決定をして価値を生み出して、人材を登用し、利益を再投資に充てる働き方です。事業の成果によって自らの収入が決まります。

必ずしも脱サラ社長＝事業家型ではありません。退職後も長年勤めた会社に頻繁に現れ、後輩から仕事を融通してもらうことで売上を立てるOB／OGはどこの会社にもいると思いますが、この場合は脱サラしていても実態は労働者型と言えます。事業家型とは、社長であるかどうかではなく、自らが資本を投下し、何らかの事業で価値を創造している存在のことです。

## 「貴族型」という生き方も

事業家型は地主型を併せ持つ場合もあります。経営者として実績を持ちながら売れっ子コンサルタントとして活躍している人や、業界横断的なネットワークを構築して影響力を持つ文化人やアスリートなどはそうした存在です。

なお、この3つ以外に「貴族型」という生き方もあります。これは次元が異なる生き方です。貴族だけが加入を認められるコミュニティがあり、そこでは天下国家が論じられ、社会変革のための具体的行動が話し合われます。この型は、誰かのために働くのではなく、自分自身の価値観を掲げて社会変革の活動を行なうという生き方です。そのプロセスで政策や企業行動に変化を与え、ヒト、モノ、カネを動かします。

独自の生態系（エコシステム）を有する旧華族関係者、政財界重鎮、大物文化人などは一般のビジネスパーソンとは別の価値観で生きています。この型の生き方をしている人は、使命感に満ち溢れ、行動力に富み、何らかの分野で顕著な功績があって貴族コミュニティに入会が認められ、入会後も貴族として相応《ふさわ》しい行動を続けている存在であると言えそうです。

私が語りたいのは、年収を増やす方法ではなく、より自分に合った働き方を選ぶための方法です。

雇われ人であれ事業主であれ、力のある個人にとって今は活躍がしやすい時代です。テクノロジーを使えば同時に複数の仕事をすることができますし、自分の名前を売り出すことも難しくありません。一方、大多数の働き手にとっては、現実の制約から抜け出せず、働くことのストレスが増えているのに収入が減っています。人生100年時代においては、労働の価値も、労働者の立場も保障されていません。

そういう時代だからこそ、与えられた役割や業務から日常に向き合うだけでなく、自分の役割を定義して日常に向き合うことが必要です。そのための価値観を見つめ直す一つの手法として、貴族型まで含めた4つの「型」を紹介しました。個人それぞれが「なりたい型」を選ぶべきものであり、年収2000万円を稼ぐ美容師に「あなたは貴族型になるべき」と言いたいわけではありません。

ただ一つ言いたいのは、「労働者型」が最もリスクが高い働き方であるということです。労働者は雇い主から労働力として評価される存在です。雇い主はあなた自身のビジョンや生き様に関心を向けているかもしれませんし、飲み会に誘ってくれたり、昇給・昇格の道を開いてくれるかもしれません。ですが、基本的にあなたの価値は常に雇う側の評価によってしか成り立たないのです。

## 個人にも資本蓄積

人的資本投資がブームになっています。企業が行なうべき人的資本投資は賃金アップと教育訓練拡充、職場環境改善ですが、個人としても「資本蓄積」が必要です。

経済学の父アダム・スミスは、資本蓄積と経済成長について多くの主張を遺しました。10人で100個のモノを作っている会社がスタッフを20人に増やして200個のモノを作れるようになったとします。しかし1人当たりの生産量は変わらないので賃金は増えませんし、会社も発展しません。設備投資をしたり生産方法を工夫したりして10人で120個を作れるようにすることで、会社は発展し、スタッフの賃金も増えます。

スミスは国家の経済発展のためには社会インフラの整備や設備投資の拡大などといった資本を蓄積することが不可欠であり、そのために大衆は貯蓄に励み、国家は大衆の貯蓄を効果的に動員することが望ましいと主張しました。

同時期に同規模で創業した会社なのに、A社は毎年10%ペースで売上が伸びていて、B社は毎年3%ペースの伸びに留まっているということがありますが、経済学では、この差の要因を両社の労働者数や資本量の差に求めます。

成長率＝アイデアや技術の進歩＋資本の変化率＋労働力の変化率

アイデアや技術の進歩とは、経済学の教科書では一般的に全要素生産性（TFP）という言葉で説明されます。同じ人数、同じ台数のパソコン、同じ時間で作業しても、業務開始時点と開始1か月後では成果に違いが出ます。作業スタッフのウェブ検索能力が高まったり、入力速度が向上したり、チームリーダーの指導力が高まったりするからです。ＴＦＰとはこうした要因を数値化したものですが、ここではわかりやすくするために「アイデアや技術の進歩」と言い換えています。

Ａ社とＢ社の従業員数が変わらない場合、Ａ社はＢ社よりも技術進歩をさせているか、新規設備投資をしているか、あるいはその両方をしていると考えられます。

これを個人に置き換えた場合の式はこうなります。

成長率＝アイデアや技術の進歩＋資本の変化率＋就業時間の変化率

成長の定義は必ずしも収入増加ということに限りませんから、人によって定義をすればよいでしょう。資格試験の点数アップでも良いですし、ゴルフのスコアアップでも良いですし、お子さんの成長について考えても良いでしょう。

この式の最後の要素、「就業時間の変化率」が成長を左右することには異論はないはずです。試験前に怠けていれば成績が上がらないのと同様です。ただそうはいっても使える時間は有限なので、同時にタスクの優劣を決めて時間の無駄を省く必要があります。

逆に言えば就業時間を増やさずに成果を上げるには、他の2つの要素を高める必要があります。

「資本の変化率」については、有限の資金のなかで自分の成長に必要な資本を獲得する必要があります。ゴルフのスコアを向上させたければ良いゴルフ道具を揃える必要がありますし、オンラインショップの売上を増やしたければサイトの機能を高めるための投資が必要です。

では「アイデアや技術の進歩」は、どうやって実現すればよいでしょうか。これこそが個人が成果を高めるための源泉です。それをここからお話ししていきましょう。

### キャリア資産のバランスシート

企業は負債と自己資本を活用して、従業員を雇用し、生産のための資産を構築します。従業員の力と、貸借対照表の左側の資産を使って利益を上げ、その利益をもとに従業員を増やしつつ、新たな資産を獲得します。すべての企業は貸借対照表を作成しており、貸借対照表を見れば企業活動の大枠をつかむことができます。

著名な経営コンサルタントでオピニオンリーダーである経営共創基盤（ＩＧＰＩ）グ

キャリア資産のバランスシート

| | |
|---|---|
| 〈流動資産〉<br>金融資産<br>動産・不動産 | 〈流動負債〉<br>金融負債<br>（長期の住宅ローン等含む） |
| 〈固定資産〉<br>目標<br>デジタル社会マインド<br>独自の構想力・インサイト<br>実効性ある提案力<br>自分のコミュニティ<br>志を共有する仲間との協働<br>実績<br>―減価償却 | 〈固定負債〉<br>教育訓練努力（学歴含む）<br>人脈構築努力、仲間への投資<br>肩書、組織の看板<br>〈自己資本〉<br>意欲<br>実行力<br>徳・教養<br>心身の健康 |

ループ会長の冨山和彦さんは「会計はアートだ」と語っています。国際会計基準審議会（ＩＡＳＢ）の議長を務めたハンス・フーガーホーストさんは、ビジネスの結果を記録するプロセス自体と、会計を通して創造的な判断を下すことがアートであると述べています。

企業が戦略を決めるうえでバランスシートこそが道しるべになるのと同様に、個人にとってもそれぞれの思いに合った成長のための道しるべとなるバランスシートがあれば、より戦略的に働くことができます。

表は、個人が様々な活動の結果として蓄積している要素を整理したバランスシートです。

会計に精通している人であれば、たちまちこの表に批判を加えることができるでしょう。この表を友人に見せたところ、項目の分け方について様々な指摘が出ました。

「動産・不動産を流動資産に組み入れているのはおかしい。通常、流動資産は1年以内に現金化できるものである」

「長期の住宅ローンは流動負債ではなく固定負債だ」

「固定負債に並んでいる項目は、いずれも他人に返済が必要なものではない」

指摘はいずれも当たっています。あくまで個々の思いで独自のバランスシートを作るのが良いと思っていますので、そのためのたたき台として見てください。

個人が自分自身の成長を実感するのはどんなときでしょうか。達成感のある仕事を終えたときでしょうか。昇進・昇格、昇給の場面であったり、資格試験の合格、表彰受賞、周囲からの賞賛を受けたときなど、様々あるでしょう。

一番わかりやすいのが、収入増加です。評価が高まったことが実感でき、自信がつきます。しかしながら、私たちは収入の多寡だけで働き方を決めているわけではありません。これから手掛ける業務の中身や周囲からの期待、あるいは働きやすさだったりを加味して仕事を選んでいるはずです。

大切なのは、自分自身のビジョンを持つこと、そのビジョンのもとで成果を生み出す能力を高めることです。まずはバランスシートを通して自分自身の資産価値を把握することが、資産価値向上への一歩となります。

働くうえでスキルや信頼が必要であることは言うまでもありません。自分の組織や社会的地位を持つ人は、それを活用して活躍の幅を広げることができます。提案力や影響力があれば、会議であなたの主張が受け入れられ、自分がやりたいプロジェクトをやることができます。

個々の活動や立場によって、何をキャリア資産にするかはまちまちです。飲食料品の宅配のプロであれば、運転スキル、事故を起こさない慎重さ、体力、リピーターを獲得するための丁寧さなどが資産になるでしょう。

自分の資産価値を大きく高めることができれば、就業時間を減らしても成長をすることができます。まさに会計は人生を楽しく過ごすためのアートです。

## 肩書は「負債」である

有名企業に所属していたり難関大学を卒業していたりすることは、その人にとってのステイタスになります。キャリア資産のひとつ、と考える人も多いでしょう。無名の中小企業に勤めていた私には、有名企業社員と無名企業社員に対する周囲の目の違いが身をもってわかります。

しかし私は、肩書や学歴は「負債」と定義しています。

企業は銀行から借り入れをして機械や材料を買ってモノを作り、それを市場で売って収益を得ます。つまり負債をもとに資産を構築し、その資産で収益を生み出します。それと同様に、有名企業の看板や学歴は高度なスキルや人間力に転換することではじめて意味を持ちます。難関大学に進学したり、有名企業に就職すること自体、相応の努力なしでは実現できません。新卒採用時はたしかに学歴がモノを言う場面は少なくありません。しかし、ミドル世代になると話が変わるのです。

ミドル世代では肩書や学歴を使って実際にどんな成果を挙げてきたのか、および今後どのような成果が挙げられる可能性があるのかが問われます。取締役に就任すれば嫌われ役になって社内改革をし、企業価値向上を実現しなければいけません。できない場合、あたかも銀行から「あなたにはこの負債の返済能力が無いのですね」と三下り半を突き付けられるかのように、周囲の人からの信頼は失われていきます。

「あなたの本業は何ですか？」と問われた際、「私はこの会社に勤めています」と言って名刺を渡すことは会社員の基本行動です。ですが、もはや名刺が表示しているのは負債であって資産ではないという意識を持つべきです。肩書を通して何をやってきたのか、および肩書を得る過程で何をなし得たのか。この問いへの答えがあなたの資産だと私は考えます。

## リスキリングより重要な「目標づくり」

社会人の学び直し、いわゆる「リスキリング（またはリスキル）」がブームになっています。リカレント教育という言葉もありますが、リカレント教育は個々人の自発的な学びというニュアンスで、リスキリングは個々人のスキル獲得への支援を企業に求めるニュアンスで語られます。

スキルには業務の遂行に必要な専門スキルと、業種職種を問わず社会人に求められるスキルがあります。前者は外国語能力や営業能力、プレゼンテーションスキル、調理能力、運転能力、技術力、アートやスポーツ分野の能力など、それぞれの立場で求められるスキルを指します。後者は創造的思考力、コミュニケーション能力や忍耐力、状況適応力などが挙げられます。WHO（世界保健機関）が1993年に定めた「ライフスキル」はその一例です。

スキルが高いことが立身出世に不可欠なのは言うまでもありませんが、スキル獲得の前に目標を持つことが何よりも重要です。「スキルを高めたいからビジネススクールに行く」という人よりも、「45歳までに海外事業のリーダーになって、50歳までに海外での経験を積むこと」を目標にしている人の方が、より早く、高度なスキルを習得します。目標を明確にすることと、目標に向かって邁進することはキャリアマネジメントに最も不可欠な要素です。「特に目標がない」という人も、社内で誰よりも業界事情に詳しい人物になるとか、他社との連携事業を作るとか、頑張れば実現できそうな目標を掲げてみると良いでしょう。

デジタル社会マインド

次に「デジタル社会マインド」が求められますが、ここで強調したいのはアジャイル、微分する力、の２つです。

アジャイル（ａｇｉｌｅ）は英語で機敏、柔軟（性）、適応（性）の意味を持つワードです。デジタルツールの開発では、作ってみて初めて見えてくる課題やアイデアがあります。開発期間中に予告なく登場してくる他社サービスとの差別化や連携を検討しなければいけません。そのため、機動的に試作品（ベータ版）を公開し、柔軟に仕様の変更、機能の追加と削除を繰り返しながら商品化するアジャイルなビジネス手法が採用されます。ほぼすべてのゲーム会社は課金済みのユーザーにバグをチェックしてもらっています。

慎重な性格がダメということでは決してありませんが、石橋を何度も叩いてから渡るのではなく、まず一歩踏み出してから考える、という価値観が勝敗を決する社会であることを認識する必要があります。デジタル社会の本質はスピードです。大企業にいると商品を販売する前にブレストやアンケートやセグメンテーション分析、そして幾度もの社内決裁を何か月も続けることがありますが、その時間があれば品質が不十分でも実際に顧客に持っていき、改良を重ねることが評価される時代です。

また、デジタル社会では、求められるスキルが頻繁に変わるだけでなく、あなたと他者との関係性が頻繁に変わります。プロジェクトによってあなた自身が中心人物になる場合もあれば、誰かの指揮下に置かれることもあります。部下だった人が上司になったり顧客になったりもします。常に変化する人間関係のなかで役割を果たす柔軟さを持つことが求められます。

微分する力というのは、文系人材には拒否反応がある言い回しかもしれませんが、一言で言えば細かく分析する力のことです。

現在40代半ばの人が20歳前後だった頃は、テレビかラジオか新聞を通して天気予報を把握していました。いまは私たちはスマホでポータルサイトやアプリにアクセスして、市区町村ごと、時間ごとの天気、気温、湿度を知ることができます。カップルで天気の会話をする際、私たちの親世代は「東京は夕方まで晴れだと思う」という内容だったのが、いまのカップルは「目黒区は16時頃まで晴れで、気温は18度。17時過ぎに目黒駅に雨雲がかかるらしい」という内容になっています。

より細かい情報を知ることができるということは、私たちもまた他人から細かい分析をされていることになります。私は経済政策にちょっとは詳しいと自任していますが、経済政策のうちマクロとミクロのどちらに明るいのか、財政と金融には明るいのか、通商政策の知見はあるのか、など、周囲からの分析にさらされます。医師や弁護士など専門職の人たちはもちろんのこと、ビジネスパーソンの誰もが個々の専門分野、実績を上司、部下、取引先等から細かく分析されているなかで、専門性を明確化していく必要性が高まっています。

「独自の構想力・インサイト」と、「実効性ある提案力」は、ビジネスパーソンとしての信頼獲得に直結します。これらは単に問題点をあげつらったり他人のアイデアを批評するのでなく、課題を設定する力、それを解決するアイデアを生み出す力、規範を認定する力のことを指しています。若者をまとめることができ、社長に意見を通すことのできる「ご意見番」のような人物に備わっている力です。

「志を共有する仲間との協働」とは、獲得した名刺の枚数ではなく、同じ思いで一緒に活動することができたり、互いに相談し合えたりする人の数とその関係性の深さのことを指します。2005年までNHKで放送されていた「プロジェクトX～挑戦者たち～」では、大きな仕事を実現したビジネスパーソンたちに密着し、難しい挑戦を成功させたエピソードを細かく描写していましたが、個人ではなく文字通り志を共有する挑戦者たちをクローズアップしていました。

アートの世界では仲間との接触を断ち、単身で高い評価を得る作品を仕上げる人物がいますが、多数のビジネスパーソンにとっては、転職や独立をしても互いの志を共有し、随所で協力関係を保っていられる人脈が、自己実現に欠かせません。

また、企業会計に精通している人にとっては当然のことですが、土地や古美術品以外のほとんどの固定資産には耐用年数があり、毎年一定の割合で減価（減少）していきます。個人のキャリア資産も例外ではありません。時代の変化や取引先の方針変更によって、あなたの価値を支えてきたはずのスキル、実績、影響力は減価します。10年前の輝かしい実績や受賞歴などが、いつまでも社会から高く評価されることはありません。強みを生かすためにも、自身をアップデート（更新）していかなければいけません。

### いくらでもキャリアが高まる条件

企業の事業活動の元手となるのが自己資本です。これは株主から出資されている資本と、事業によって得られた利益の留保額によって構成されます。自己資本の厚みがあれば経営行動の幅が広がります。なお、正確には株主資本、自己資本、純資産には違いがありますが、本書は会計のテキストではないので省略します。

何をするにも「意欲」と「実行力」が不可欠です。国家資格を複数取得していて手元に10億円あっても、意欲が無い人には何もできません。逆に意欲と実行力のある人に10億円を渡せば、毎日いろいろな活動を仕掛けるでしょう。

入社時の評価はそれほど高くなかったのに、数年経つと職場の中心人物になっている人がどこの組織にもいると思います。逆に、入社時にエース候補とされていたのに存在感を全く発揮できない人物もいます。こうした結果になる最大の背景は、意欲、実行力の差にあります。

意欲が高ければ日々の言動にそれが現れ、周囲からチャンスが与えられます。有名なタレントのなかには、オーディションで何度も落選し、所属事務所で冷遇されていた経験を持つ人も少なくありません。プロ野球では、ドラフトで上位指名されなかった選手が数年後にチームの中心選手になる例もあります。周囲から期待されず、低賃金の状況から這い上がってきた人物たちは必ず、強烈な意欲と執念を持って節制をし、スキルを磨き、雇い主と社会に価値を認めてもらっています。

「徳・教養」の高さは、柔軟さと吸収力と使命感として現れます。人生100年時代は状況に応じて自分自身のスタイルを柔軟に変えて、求められる役割を果たしていくことが、長く働くために不可欠です。

私は若手起業家と大企業幹部との交流を頻繁にアレンジしているのですが、年配の大企業幹部のなかには、若手起業家のビジネスをあまり理解しないまま、上から目線で論評する人が少なからずいます。その人たちには豊富な実績があるのかもしれませんが、若手の側から見れば、育ててもらったわけでもない年配者から中途半端な論評をされる謂れはありません。

ビジネスの厳しさを体感していて、その経験を生かして真に未来への責任を果たそうと思っているシニア人材は、往々にしてフラットです。若手に指示を出すのではなく自分自身で汗をかいて営業し、テクノロジーを学び、金銭的リスクも負います。成長しているスタートアップ企業にはそうしたシニア人材が関与している例が少なくありません。

自分自身の肩書、経験、実績などの殻をすべて破って、時代を尊重して役割を果たすという姿勢になれば、どんどんキャリアアップができます。

## 自分自身を時価評価する

金融や会計をビジネスとされている方には釈迦に説法になりますが、資産価額の評価方法には、帳簿上の価格での評価と、取引価格での評価があります。これを自分自身の価値に置き換えて考えてみましょう。

例えば、あなたは中堅企業に勤める45歳の課長級の正社員で年収７５０万円だとします。管理職なので残業代はほぼ見込めませんし、この年齢だと定期昇給はないので、部長、執行役員へと昇進しなければ年収は増えません。

この会社では５人に４人が50歳で部長に昇進します。部長になると年収は８５０万円にアップ。つまり、５年後のあなたの年収は80％の確率で８５０万円になり、20％の確率で現状水準の７５０万円のままになります。よって５年後の年収期待値は８３０万円となります［（８５０万円×０・８）＋（７５０万円×０・２）］。

現在の価値が７５０万円で、５年後の価値が８３０万円。これがあなたの簿価評価です。もちろん慣例より早く昇進したり、業績が急変して基本給が増減する可能性がありますが、計算が複雑になるので省略します。

一方、あなたが転職を決意して様々な会社にエントリーした場合、あなたには各社から別々の評価が示されます。会社によってはあなたの営業能力を買うかもしれませんし、管理職としての調整能力を買うかもしれませんし、交渉能力を買うかもしれません。そのうえで、あなたを2~3年だけ使いたいと考えているかもしれませんし、長期的に基幹人材としての活躍を期待しているかもしれません。言い換えると、会社によってあなたは多様な評価を受けることになります。

「初年度600万円、5年後の経営幹部候補」

「初年度1000万円、5年後も雇用しているかは未定」

「社員としては雇えないが、若手のサポート役が必要なので年間300万円で顧問になってもらいたい」

これが時価評価です。

ここまではっきり示されるわけではありませんが、転職のプロセスを踏むことは、あなた自身にどのような時価評価がなされるかを知る機会となります。

給料は「もらう」でなく「稼ぐ」

ある大手流通企業の外国人役員と昼食を共にしていたとき、報酬の話になりました。曰く「なぜ日本企業の役員は報酬の交渉をしないのか、疑問でならない」のだそうです。

取締役は会社には雇用されておらず、株主総会の決議を受けて事実上の1年契約で企業経営に責任を負う立場です。企業価値向上の策を求めて知力と時間を使いますし、現場や関係先から恨まれる改革もしなければいけません。経営成績を伸ばせなければ株主総会の決議でいつでも任期終了となりますので、納得する待遇を求めて条件交渉をするのは当然と考えられます。

ところが現実的には取締役には経営能力は問われず、社長や会長の追認者に留まるケースが少なくありません。そうした立場であれば、たしかに報酬交渉はせず、設定された金額で就任するでしょう。

２０１７年1月に開催された政府の未来投資会議では、日本企業のＣＥＯの97％は内部昇格者であり、76％が他社での職務経験を有しないというデータが紹介され、ある出席者から「ムラの空気のガバナンス」という批判が飛び出したことが報じられました。ＰｗＣグループのコンサルティング会社の調査によると、米国・カナダでは94％のＣＥＯが他企業での職務経験を有しており、世界平均でも72％のＣＥＯが他企業での職務経験を有しています。

私が代表を務めていた団体で２０１８年2月に働き方改革をテーマにしたシンポジウムを開催した際、当時の日本野球機構コミッショナーで産業再生機構社長、東証社長などを歴任した斉藤惇氏はこう語っていました。

「欧米企業は優秀な社長を探すために5億円も10億円も使う」

不採算の事業部門を売却して、そのおカネで成長事業を育てるようなことをしなければ投資家は離れていきますので、欧米トップ企業はそれができる経営者を探すことに大きな努力を払います。経営者の報酬も巨額ですが、そうした経営者を探して交渉することにも巨額が投じられています。

こうした環境では報酬は「与えられるもの（ｇｉｖｅｎ）」ではなく「得るもの（ｅａｒｎ）」になります。そうでなければ、企業価値向上に責任を持たないことになります。

ミドル会社員もまた、自分自身の存在が勤務先の企業価値をどのように支えているのかを考えるうえで、このｅａｒｎの感覚を持つべきなのです。

# 第4章　今日から始める「23の成長戦略」

## 自分の「壁」を壊してみる

これからキャリアチャレンジに挑む、という人もいるでしょう。なかにはまだ迷っている、踏ん切りがつかないという人もいるはずです。本章では、今後を決断するために今日から実行できる23の戦略をひとつずつ紹介していきます。

これらは成功者の話を切り貼りしたものではなく、悩むミドル社員の声を起点にして、私なりに構想し、実行すれば新しい景色が見えることを意識したものです。

この成長戦略の根幹は、自分の「壁」を壊すということです。

悩めるミドル社員に共通するのは、良くも悪くもこれまでうまくやってきたことではないでしょうか。うまく会社員生活を営むために、仕事の仕方、人間関係、おカネ、デジタル技術など、様々な面において経験を積み、自分なりのルールを作りながらやりくりしてきたはずです。それが10年、20年と奏功してきたのです。ですが、それらに無理が来ていることもまた事実です。ならばそれらを一部壊してみる必要があるのです。23の成長戦略は、次の4つの項目に分けられます。

・お金とデジタルの「壁」を壊す
・「敵」を知る
・健康資産を増やす
・変化するために動く

では、ひとつずつ解説していきましょう。

——お金とデジタルの「壁」を壊す

【戦略1】「ふるさと納税」をする
2008年から始まった「ふるさと納税」（都道府県・市区町村に対する寄附金）は、

２０１６年度に年間の控除適用者数が１００万人を超え、２０２１年度は４４４７万件、総額８３００億円超もの規模になっています。返礼として名産品をもらえるうえに所得税と住民税の控除を受けられることが、利用者が右肩上がりで伸びてきている理由でしょう。

自分は「ふるさと納税はやらない」と決めていませんか？　もしそうなら、これを成長戦略の第一歩にしましょう。

私自身は２０１６年からふるさと納税を始め、いまでは春、夏、秋にそれぞれ数万円程度の納税をして返礼品を獲得しています。大手サイト「ふるさとチョイス」によると年間寄附額の３割が12月に集中しているのですが、一度に米や肉、魚、その他の産品が届いても冷蔵庫に入りませんので、季節ごとに、地域のおいしさを味わう作戦にしています。

会社員がふるさと納税をすると、この返礼品以外にもメリットがあります。それは何といっても、必要な確定申告などの手続きをすることで税や社会保険の知識が身につくことです。

ふるさと納税による税控除のメリットを受けるためには、寄附先の自治体に申請をしてワンストップ特例制度を利用するか、確定申告をする必要があります。自営業者はもともと確定申告が必須ですが、大半の会社員の場合、年間20万円を超える副業収入が発生したりすることがなければ、勤務先が年末調整をしてくれるので確定申告の必要がありません。

いざ自分で確定申告をしてみると、税金と社会保険料負担の大きさが実感できます。ボーナスの額や家族構成、居住地などによりますが、年収600万円の場合は130～140万円前後が所得税と住民税、年金保険料、健康保険料などとして天引きされています。年収700万円の場合は170万円前後になりますので、非正規雇用の女性の平均年収に匹敵する額が給与から引かれている計算です。

ふるさと納税は返礼品を受け取ることで「節税気分」を味わえるものですが、節税をするための制度ではありません。意識せずに納めている税金と社会保険料の大きさを知り、その一部を自分ならではの価値に転換しようという発想になれることに、返礼品以上の価値があるのです。

この健全な納税意識を持つことが、キャリアマネジメントには不可欠です。

私は道徳を説きたいのではありません。税金と社会保険料の負担からは、私だって可能なら逃げたいと思っているので、気の合う政治家には必ず負担軽減を訴えています。全国の中小企業では社会保険料負担が大きいために賃金を上げられない状況もあるので、ぜひ負担は減ってほしいと思います。ですが、稼いで利益が出たら税金と社会保険料を納めるのがいまの社会のルールです。

そのルール上で、どのような就労形態だとどれくらいの納税額になるのか。どのような手段を使えば納税額以上の価値を得られるのか。どのような資産をいつ保有または処分するか、などを考えることは、企業経営そのものであり、税と向き合うことはキャリアマネジメントのセンスを磨くことになります。

ふるさと納税にはまた別のメリットもあります。それは地域産品に詳しくなることです。

高知のカツオ、新潟のコメ、北海道のイクラ、宮崎のマンゴーなどは、おそらく大半の人がイメージできるでしょう。ところが家電製品の生産地域になると、言い当てることができる人は少ないのではないでしょうか。

ふるさと納税のポータルサイトを見ると、このように見えてきます。

・ＮＥＣのパソコン　山形県米沢市
・キヤノンのカメラ　大分県国東市
・象印マホービンのポット　大阪府大東市
・パナソニックの照明器具　三重県伊賀市
・スキャナー大手ＰＦＵのスキャナー　石川県かほく市

様々な企業がどこに開発・生産拠点を有しているのかがわかるわけです。

地政学リスクの高まりと、パーソナルデータセキュリティ確保の必要性から、今後の日本経済はグローバル化を前提にしながらも、国内での開発・生産拠点を整備し、サプライチェーンを再構築していくことが見込まれています。

２０２２年11月には、主要企業が出資して半官半民で次世代半導体の国内開発と生産体制を進めるラピダス（Ｒａｐｉｄｕｓ）株式会社の発足が報じられました。ふるさと納税のポータルサイトのチェックで国内製造業各社の動向をつかめる、とまでは言い切れませんが、各社の事業のバリューチェーンを理解することはビジネスインサイトを得ることにつながります。

また、超高額所得者向けの返礼品を知ることで、富裕層向けビジネスのアイデアにつながるかもしれません。私の前職の後輩が市長を務める香川県東かがわ市では100万円以上の寄附で「一日市長」の体験を提供しています。そして調べてみると、かなりの数の自治体が100万円以上の寄附メニューを取り揃えています。栃木県矢板市では地元事業者が製造する防災シェルターを1億円で出しており、実際に寄附申込があったと報じられています。

国税庁の資料によると、年収1億円以上の人は全国で2万3000人以上にもなります。収入の種別によって異なりますが、給与収入1億円の場合はふるさと納税によって400万円以上の控除を受けることができます。自治体側でもこの富裕層を取り込もうと、甲冑、刀剣、自然資源、数量限定の工芸品、特別なツアー体験などを用意しているわけです。こうした返礼品の実例を一つ一つ見ていくのもいいでしょう。

2016年には企業版ふるさと納税制度が創設されました。個人版のような返礼品はありませんが、地域との関係創出や地域資源活用を図りたい企業によって活用が進んでいます。2020年の税制改正によって寄附額の最大9割が翌年度の納税額から控除される仕組みとなったことで、2021年以降は大幅な拡大が見られています。

三菱UFJフィナンシャル・グループは、大阪府の脱炭素関連の取り組みに5億円を投じることを発表しました。内閣府地方創生推進事務局のウェブサイトで多数の事例が紹介されており、大手重工関連メーカーが公立高校との関係性を構築して若者が持つ最新知識を獲得したり、ゼネコンが地域のインフラ整備に寄附をして信頼を高めるなど、新たな取り組みがここから生まれています。

あるヘルスケア企業のオーナー一族と会話していた際、ふるさと納税や非営利団体への寄附に年間1000万円以上をかけていることを打ち明けられました。おカネに困っていない一族なので、返礼品目当てというよりも、地域の魅力を発見して育てたいという想いで寄附先の自治体に足を運び、地域スポーツ振興などにも尽力しています。そうした活動から有望な若者や地域資源と出会い、次なるビジネスにつなげています。ふるさと納税には返礼品以上の価値があるということの証左ではないでしょうか。

## 【戦略2】ねんきん定期便に目を通す

大企業社員としてバブル期を謳歌した70代のなかには、数千万円の退職金に加えて、月額30万円以上の分厚い企業年金を得ている人々がいます。大手エレクトロニクスメーカーや総合商社のOBである70代後半の男性たちが、会食の席でこう教えてくれました。

「こっそり言うが、私は1日も働かずに毎月50万円の年金をもらっている」

羨ましすぎて、腹が立ちました。ミドル世代にはこんな厚遇は待っていません。ただし、ここで怒っても何も変わりません。

年金加入者に毎年送られる「ねんきん定期便」をしっかり見たことがあるでしょうか。突然送られてくるハガキや封書から、自分自身の老後の生活設計を考えることができます。「若いうちから年金を当てにするのはちょっと」という考えが頭をよぎるかもしれませんが、自分自身が将来受け取ることのできる年金額を理解することは重要です。

ダイエット方法は数あれど、まず体重計に乗らなければ始まらないのと一緒です。それに、コツコツ貯金をして家計のやりくりをしている一方で、年金保険料負担と将来の年金給付額を把握していないというのでは本末転倒ですね。

ねんきん定期便を見たら、日本年金機構の「ねんきんネット」に登録しましょう。すると、自分自身の20歳以降の職務経歴と、加入している年金制度、あなたが受領している給与（標準報酬月額ベース）、加入期間、将来受け取ることのできる年金額の試算を見ることができます。

シミュレーションを立てることも可能で、例えば「50歳で役員に就任するので給与はいまの倍になる」と考えれば、その見込みのもとでの年金受給額を知ることができます。

「老齢基礎年金」や「老齢厚生年金」など、書かれている用語の意味を理解するのはちょっと手間でも、自分自身のことなので検索エンジンを駆使してみましょう。

試しに「ねんきんネット」上で将来の給与を「希望的」に入力してみてください。どうでしょうか。払う保険料額が大きくなること、老後に大してもらえないことに気づくのではないでしょうか。

たとえば30代半ばで年収1000万円を超え、45歳から67歳まで年収2400万円を稼ぐとすると、70歳で受給する公的年金額は年間約330万円です。一方、同じ期間にずっと年収900万円だったとすると年金額は年間約250万円と、現役時代の年収差ほどには差が大きくないのです。

「ウソ!?　40年働いてこれしかないの？」

老後の公的社会保障は多くの人にとって十分に満足できるものではありません。
給料から引かれる保険料と税金を増やさずに、年金額を増やすにはどうすべきか。経済全体を成長させることと、私たち自身が成長するしかありません。政治家や政府を批判するのは自由ですが、どの政党が政権を担うとしても社会保障財政が急に好転することはありません。

筆者が2019年5月に行なった調査によると、40代の6割が、自分自身が加入している年金を把握していませんでした（男性56％、女性67％）。そして、把握していると回答した4割のなかでも、正確に理解できている人は一握りだったのです。

親と同居していて親の年金受給額を把握している人であれば、より年金に関心を持っていることでしょう。しかし、そもそも年金制度は複雑です。自営業者は「国民年金」、企業に勤めている人の場合は「厚生年金」で、年金受給額は加入期間の長短や平均標準報酬月額の等級、厚生年金基金の有無に応じて決まりますが、こうした基礎的なメカニズムすら学校で教わる機会はなかったはずです。

就職して初めて給与明細をもらう際に、給与からすでに社会保険料が引かれていることを知り、「額面と手取りはけっこう違うんだ」と、ちょっぴり残念な気持ちになった経験がある人も多いかと思います。ひょっとしたら額面金額と手取り金額のギャップに、経営者や経理担当者に不信感を抱いた人もいるかもしれません。

東京都内の法人に勤める初任給22万円の人の場合、勤務先が加入する健保組合によって若干の違いがありますが、厚生年金保険料と健康保険料として2万数千円か3万円以上差し引かれます。

40歳を超えると介護保険料の支払いも発生しますので、給与40万円の場合、多くのサラリーマンは6万円ほどが差し引かれます。だからといって、給与明細には「あなたの給与水準では65歳になったら年金○○円もらえます」とは、書かれていません。これはとても不親切だと常々考えています（もしそのような親切な給与明細があれば、ぜひご連絡いただけないでしょうか）。

年金受給見込み額を把握することは、今後の働き方を決めるためにとても重要です。自分自身が65歳になったときにいくら受給できるのかを知り、それが十分に納得のいく額なのであれば、金銭的な不安から解放された身となって、人生の戦略を描くことができるからです。

もし納得のいく額でないと気づいた場合にも、選択肢があります。生活費を抑えて貯金を増やすか、iDeCoなど（次項で解説）に加入するか、高給を求めて起業ないし転職活動をするか。自分自身が成し遂げたいことを決めて、そのための努力を始められます。年金を知ることは、自分自身の長期計画を描くことを助けてくれます。

## 【戦略3】10万円、預金から有価証券投資に変える

銀行預金の金利はほぼゼロです。1000万円を1年間メガバンクの定期預金に預け入れた場合の利息は200円程度です。銀行預金は安全性と換金性に優れていますが、余裕資金がある場合は投資に振り向けて少しでも資産を育てたいところです。

近年は投資へのアレルギーを持つ人が減ったことや、ネット証券会社やフィンテック事業者による様々なサービスの登場もあり、ビジネスパーソンのマネーは有価証券投資に向かっています。世界経済は浮き沈みをしつつ長期的には成長していますので、有価証券の購入を通して世界経済の成長に便乗することができます。

もし、投資に関心があってもリスクへの懸念があるという人は、現預金ではなく「ポ

イント投資」から始めるのが良いでしょう。

ネット証券会社は日常の買い物で貯まったｄポイントや楽天ポイント、Ｔポイント、ＬＩＮＥポイントなどを投資に充当できるサービスを展開しています。航空会社のマイレージを投資に充てられるサービスもあります。数百円分だけでも投資をしてみることで、首脳の発言、金利や物価、雇用などの指標、為替の動向によって相場がどのように動くのかを理解できる機会になります（現金を減らすことなく）。

確定拠出年金（企業型ＤＣ、ｉＤｅＣｏ）に加入している人は、ウェブサイト上で自身の運用ポートフォリオをチェックすることをおススメします。多くの会社員は60％程度を定期預金として、残りを内外の株式、ＲＥＩＴ、債券に振り向けていますが、なかには積立金の１００％を定期預金で運用している人もいます。

毎年の掛け金が所得控除されることを鑑みると、仮に定期預金金利がゼロとしても一定のメリットはあります。たとえば年間12万円の掛け金のうち所得控除によって２万４０００円分税負担が軽くなれば、それだけ金利が付いたのと同じ効果と言えます。

ただし、高齢期を迎えるまでにまだ10年、20年以上ある場合は話が別です。長期で世界経済の成長の恩恵を受けられる可能性が高いので、定期預金の比率をなるべく下げて、株式、ＲＥＩＴ、債券などの比率を高めることを考えるのが望ましいでしょう。無理な投資は精神的によくないので、いま定期預金の割合が60％であれば50％に下げて、ちょっとだけ株式への投資に振り向けても良いでしょう。

金融市場にはリーマンショック、コロナショックなどしばしば激動が起きますが、おおむね５〜６年、指標によっては１年程度で回復しています。東日本大震災直後の２日間で日経平均株価は16・１％下落しましたが、１か月後にはそこから12％以上の回復が見られています。まずは10万円を投資に回してみることで仕組みが理解できます。

投資はコワいという意見もありますが、コワさを制御する感覚を身につければ、人生設計が狂うようなことはありません。

大手食品メーカーで管理職を務める40代前半の男性は、月額５万５０００円の掛け金を全額定期預金で運用していましたが、高齢期まで20年あることに気がつきポートフォリオを変更しました。国内外株式に配分したほうが良いと考えたそうです。

日本の個人金融資産のうち株式と投資信託が占める割合は15％です。米国ではこれが50％、ユーロ圏では30％ですので、日本人は投資意欲が低いと欧米機関投資家から見られています。彼らの立場に立ってみましょう。投資意欲の低い国をウォッチする必要性は薄れますので、日本市場への投資資金を他の新興国への投資に回すことになります。そうなると私たちの賃金と年金にも影響が及びます。おカネを投資に振り向けることと、日本経済の未来は直接リンクしているのです。

**【戦略4】サブスク強者になる**

働き方改革が提唱された2016年頃から、クラウドの会計システムや勤怠管理システムの普及が急速に進みました。私も利用しています。ところが知人のベテラン税理士はこう言うのです。

「最大手のA社も、二番手のB社も、仕訳の間違いがあるから利用しない方が良い」

2社の会計サービスとも、入力後に税理士が修正をしなければ税務申告ができないのは確かですが、感覚的には95%は適切な仕訳になっています。

残りの5%は社会保険料の仕訳ミスや、勘定項目の不備などです。特に社会保険料の仕訳は「預り金」「未払費用」「法定福利費」など複雑で、人間がやってもミスは生じます。

そもそもどんなに優れたAIでも100%の精度はありません。ほとんどの場面では

95％や97％の精度で十分で、あとは人間がカバーすることで100％に近づければよいのです。例えばカーナビは必ずしも最適経路を示しませんが、ほぼすべての車に搭載され、ドライバーの役に立っています。

サブスク型の便利なデジタルサービスは毎月のように登場しています。2021年度のサブスク国内市場規模は前年度比10・6％増の9615億円超で、国民1人当たり年間8000円の支出でした（矢野経済研究所の調査）。また利用者が多いサービスは「動画定額配信」「音楽定額配信」「電子書籍・雑誌・コミック定額配信」の順で（三菱UFJリサーチ＆コンサルティングの調査）、市場は今後も伸張傾向が続くと見込まれています。

便利で登録も簡単な反面、サブスクは気づかないうちに財布を侵食します。三菱UFJ銀行サイトのコラムでは、数万円以上の出費には節約意識が働くことが多いものの、5000円を超えない1000円～4000円の出費が積み重なることでおカネが減りがちなことを指摘しています。

「サブスク節約術」を教えてくれるサイトは多数あるので、出費を抑制したい場合は参考にしましょう。類似のサービスを複数契約することはなるべく避ける、月間契約ではなく年間契約にして利用料金を圧縮する、といった観点から示唆を提供しています。

ただし、節約しつつサブスクのメリットを最大化する視点がより重要です。目先の金額で判断せず、サブスク出費によって3か月単位、半年単位で節約できる時間やコスト、得られるメリットを考えてみましょう。


Ａｍａｚｏｎを筆頭に、メディア各社は月額課金で書籍や記事を読めるサービスを展開しています。新聞では日本経済新聞社が他社に先駆けてオンライン購読者の獲得に成功しています。週刊誌ではダイヤモンド社がオンラインの会員獲得に最も成功していると言われています。

情報はタダで入手できる時代ですが、ビジネスリーダーとして必要な情報を獲得したり、知識を整理したりするには、タダの情報ツールでは足りません。全国紙の場合は月額4000円超、その他のメディアの場合は月額数百円から2000円が相場ですが、良質なコンテンツに効率的に巡り合えるならば、この支出は何十倍以上ものメリットをもたらしてくれます。

動画サブスクも同様です。2022年になってからＮｅｔｆｌｉｘの伸び悩みが報じられていますが、月額１０００円弱で英語、そのほかの言語を効果的に学習できるツールと考えれば非常にお得です。英語が得意なら、教育プラットフォーム「Ｃｏｕｒｓｅｒａ（コーセラ）」で世界の大学の学習コンテンツを低価格で体験することができます。学位や修了証を得たい場合は数十万円から１００万円以上が必要ですが、現地に渡航、生活するコストを考えれば格安です。

エコノミスト、ブルームバーグ、ニューヨークタイムズなど、海外メディアのサブスク型購読サービスは、試しに契約してみる価値はあります。私は英語がそれほど得意なわけでもありませんが、グーグル翻訳の助けを借りて、海外の消費者の動向、雇用の動きなどをチェックしています。

気になるサブスクがあれば一度利用してみて、費用対効果を自分で確かめると良いでしょう。数千円の支出を通してデジタルビジネスの質を見る眼を養うことができれば、とても安い投資です。

なお、保険もサブスク支出と考えることができます。医療保険は基本的に「疾病リスクに備えるもの」ですが、健康管理アプリやランニングアプリなど「疾病リスクを減らすもの」も利用している場合、生活習慣病の保険に多額の支払いをする必要性は下がります。私は長い体調不良で苦しんだ過去から、複数の保険に加入して最大時には毎月7万円を保険会社への支払いに充てていましたが、ジョギングを続けていてアルコールはほとんど飲まず、たばこは吸っていませんので、生活習慣病のリスクに備える必要性は薄いと判断して月2000円ほどの医療保険に絞りました。

厚生労働省が公表している簡易生命表から算定すると、30歳男性の94・2%、30歳女性の96・8%は60歳時点で生存しています。女性の場合は65歳時点でも95・2%が生存しています。確率論であり個々の事情によりますが、死亡保障の保険も「サブスクである」と考えられることから、踏み込んで見直しをしましょう。

## 【戦略5】「趣味SNS」でフォロワー100人を得る

「僕、Twitterはやらないんだよね」

こう言う人、周囲にいないでしょうか。もしかして自分がそうだったりしませんか。ミドル世代ではFacebookは熱心に書き込んでいても、Twitterはやらない人も多い傾向にあります。それで本当にいいのでしょうか。

Ｔｗｉｔｔｅｒ社を買収したイーロン・マスク氏は、ほどなくして日本人のＴｗｉｔｔｅｒ「愛用」ぶりについてつぶやいていました。個人はもちろん、企業や官公庁もアカウントを開設して様々なＰＲに活用しているなか、「自分はやらない」では最初から可能性を潰してしまっています。ぜひ本書を契機にして新しいＳＮＳに挑戦、フォロワー１００人を獲得してほしいと思います。

２０２２年夏、平日の夕方に渋谷駅構内を歩いていると、ある有名な男性20代アイドルグループの大型広告が目に留まりました。正確に言うと広告に目が行ったのではなく、広告をバックに熱心に自撮りをする女子高生の集団に驚いたのです。そこは大型ビルボードを望むハチ公前広場ではなく、複雑に路線が入り組んだ地下鉄構内の通路でした。

そのアイドルグループの名前に「渋谷」「広告」のワードを加えて検索してみたところ、Ｔｗｉｔｔｅｒ上に大量の写真が投稿されていました。どれも撮り方が巧いのです。投稿のなかには、広告が掲示されている駅構内の位置を写真入りで詳しく伝えているものがあり、たくさんの〝いいね〟がつき、数百のリツイートがされていました。いわばバズっていたのです。

偶然「オタ活」に触れたわけですが、そこでは無数のアカウントがＳＮＳを通した鮮やかな連係プレーを見せていました。「推し」の広告の掲示場所を把握した人が、同じ「推し」のファンにそれを伝え、受け取った人がさらに仲間たちに伝えた結果、リアルに広告の前に人だかりが発生します。

そこから一緒にライブに行く仲間を見つけたり、入手困難なライブのチケットを分担して申し込んだりと、地域、年齢、学校、職場を超えた、ネットとリアル双方での協業関係が形成されます。いわゆるファンダムです。

SNS上でのつながりからリアルな人間関係が生まれるか、リアルなつながりからSNS上でのコミュニティが形成されるか、どちらにしても、SNSがフックとなって、人脈が広がり、深まっていきます。

ただしここでは、リアルな人間関係は置いておきましょう。まずは自分の趣味の世界のSNSで、フォロワーを100人獲得するという目標を設定します。

各種スポーツ、映画、アニメ、本、音楽、特定のグループ、園芸、料理など、分野は無数に存在します。

その世界を覗いてみると、最初はその世界の「大手垢」、いわゆる万を超えるフォロワーを持つアカウントの数々に驚くはずです。そこに参加する自分自身は、かなりの後発アカウントです。では、どうやったらフォロワーを獲得できるのか。それを考えて実行する過程で、情報発信力、情報収集力、コンテンツ力とキュレーション力を身につけることができるでしょう。

まずは大手のアカウントを幾つかフォローして観察していきます。すると様々なアカウントが「得意なこと」や「武器」を持っていることに気がつくはずです。

・公式情報すべてをいち早くチェックし、わかりやすくお知らせしている
・発売品すべてを購入し、良いところをレポートしている
・海外アイドルやアーティストの場合、配信されたメッセージや動画、現地メディアの記事などを日本語訳する
・すべてのコンサートに行くなど、熱量最高度の「オタ活」生活を共有している
・アイドルやアーティストの活動歴をよく知っており、分析したり、まとめたりする洞察力、文章力、イラスト力がある
・決して難しい言葉を使うわけではないが、ファンたちの心情をうまく表現している

これらは一例にすぎず、その趣味の世界ならではの大きなアカウントが群雄割拠しているはずです。また、先に挙げた渋谷駅広告についてのツイートが拡散していたのは、「大手」ではなくともいち早く現場に行って広告写真をアップしたり、場所を分かりやすく知らせるなどの価値があったからでしょう。

では、どうやったら、自分のアカウントをフォローしてもらえるでしょうか。

意外に難しいのが自己紹介です。規定の文字数内で、自分自身の特徴とメッセージを示さなくてはいけません。サッカーの本田圭佑選手はＴｗｉｔｔｅｒのプロフィール欄に「learner, dreamer, challenger」と書いていますが、これは到底真似できない。まずはその界隈の様子を見ながら投稿し、そこから少しずつ修正していくと良いでしょう。

熱心な投稿者たちは、画像編集技術でとことん「推し」をカッコよく見せる努力をしています。目を惹く画像、発見を伝える動画の投稿には桁違いの〝いいね〟が付くこともあります。たとえばマラソン仲間のコミュニティでは、走行中の仲間の汗だくの表情すらカッコよく撮影して、ラップタイムを画像に入れ込んだアイキャッチ画像を作ったりもします。

また自分のことばかりつぶやくのではなく、他のアカウントの投稿にリプライしたり、自分が入手した情報を他者に共有するというマインドでいくことで、フォロワーは徐々に増えていくでしょう。

思わぬ副産物も生まれます。「推し」の外国人アーティストの米国ツアーに参加した40代の女性は、その過程で、ＳＮＳ上の同志と様々な情報交換をし、複雑なチケット購入方法や、日本とは大きく異なるプロモーションやグッズ販売戦略に触れたそうです。ですが最大の気づきは、調整や手当てをすれば子どもを持つ母親でも３日間家を空けることができると分かったことだったといいます。

ＳＮＳ関連の事件は枚挙にいとまがありません。真面目なミドル世代ほどそれらが思い出されて慎重になる気持ちも理解できます。そして、コンプライアンスに配慮し過ぎると投稿は面白くならないのも事実です。

ですから趣味の世界に飛び込んで、デジタル時代に必要な知恵と新しい人脈を育んでみると良いでしょう。

**【戦略６】「頭のジム」書店と家電量販店に通う**

特に読みたい本がない人ほど、本屋に行くことをおススメします。

書店員さんには申し訳ありませんが、書棚に並ぶ本を立ち読みするだけで抱えている悩みが解決することがありますし、目標が見つかることがあります。そんな本に出会ったら、ぜひ購入して欲しいと思います。

文化庁が実施している調査によると、47・3%の人が1か月に1冊も本を読まないと回答しています（2018年度調査。電子書籍も含む）。スマホが広く普及する前の2008年度の水準（46・1%）と大差なく、スマホの有無とはあまり関係がなさそうです。年代で見ると70歳以上の54・1%が1冊も本を読まないと回答しています。

マイナビが2021年に実施した調査では、40・1%の人が月間平均読書量を0冊と回答しました。世帯年収別で見ると年収と読書量に一定の相関がうかがえ、世帯年収1000万円以上になると1冊手に取る人が増え、1500万円以上の場合には3冊以上が30・8%となっています。組織での役割との関連もあり、管理職の立場になると一般職相当者よりも読書量が10ポイントほど高くなっています。

「本を読めば出世できる！」とは断言できませんが、読書で新たな知識に出会ったり、知識を整理したりすることが有用であることに疑う余地はありません。

私は、書籍は知識を整理するツールとして活用します。対して、論理展開やテーマ設定のヒントを得るツールとしては論文に目を通します。例えば私がセミナーで「日本では人口減少が進んでいる」と言っても、新鮮味はありません。ただし「毎年、船橋市や杉並区の人口に匹敵する60万人の人口減少が続いている」と言えば、その影響の深刻さが伝わるでしょう。「女性の管理職登用を進めるべき」というテーマについても、女性管理職の割合と企業価値向上の関係性を研究している先行研究を踏まえることで説得力を高めることができます。海外の先行研究では、体力が求められるような職場ではダイバーシティが生産性にマイナスに作用する場合があるものの、創造性を求められる職場では女性が多いことがプラスに作用すると論じられています。

上場会社の経営者には読書家が非常に多いと言えます。ある東証グロース市場上場会社の60代の創業者はしばしばこう語るのです。

「日本の出版社と書店はすごく安く本を売っていると思う。１回の飲み代の数分の一で買える本に、１００万円使っても手に入らない経営の極意が詰まっていることもある！」

目当ての本があるならネット書店で購入するのが効率的ですが、本屋に行けば自分の頭の中にはなかった書籍や雑誌にたくさん出会えます。私は駅に近い大型の本屋に行くと1時間以上過ごすこともあり、店を出るときには、自分が賢くなった気持ちすらします。「頭のジム」に行ったような感覚なのです。

同様に、家電量販店にも足を運ぶことをおススメします。冷蔵庫やテレビなどの大型家電が故障したとき以外も家電量販店は役に立つのです。

近年は小売店の境目が大きく揺らいでいます。ドラッグストアで飲食料品が安く販売されていたり、本屋で文房具やデザイン性のある家具を扱っていたり、カフェを併設していたり。コンビニはますます幅広い商品を扱い、デジタルサービスやカフェの機能を提供しています。

デジタル化を追い風に取扱商品を増やしている家電量販店では、各種家電からドローン、健康美容器具、日用品、自動車関連用品、楽器、カバンのほか、太陽光パネル設置を含む住宅リフォームの相談も受け付けています。

「家電」の定義も広がっています。腕時計はスマートウォッチに変わり、掃除機はロボット型となり、クルマにはドライブレコーダーが必須アイテム。パソコンやスマホと他の家電を接続するコードにも多種多様なものがあります。太陽光パネル設置家庭はこの10年で3倍になっています。光美容器など美容家電のラインアップも増えています。

家電量販店に行くことで、知らなかった家電や、知らなかった使い方に手軽に巡り合うことができます。どの売り場面積が増えているのか、減っているのか。そんな定点観測にも意味があります。また家庭生活でのメリットが得やすいことも挙げられます。屋内用防犯カメラを使えば外出がしやすくなりますし、環境負荷の低いＬＥＤ照明にすれば電気代が節減できます。光美容器を使うことで美容クリニックに通うよりも安く、美肌ケアに取り組めます。Ｂｌｕｅｔｏｏｔｈイヤホンを使えばハンズフリーで通話や音楽視聴が可能です。

本屋も家電量販店も、いま視野に入っていない発見をもたらしてくれる場所なのです。

――「敵」を知る

【戦略7】ライバル企業の顧客になる

ベクトルという広報会社があります。２０００年以降、広告業界で目覚ましい成長を遂げ、2012年に東証マザーズに株式を上場。2014年には東証一部上場会社となっています。プレスリリース配信サービスの上場会社「PR TIMES」を傘下に持つなどコミュニケーションビジネスを核として多角的に事業展開し、海外にも積極的に進出しています。

電通パブリックリレーションズという広報会社に勤務していた頃、しばしばベクトルと競合することがありました。現在ベクトルグループは1400名ほどの規模ですが、当時はそこまで大きくなく、私の周囲では「ベクトルさん頑張ってるねえ」と見下すような態度を取る人も少なくありませんでした。私自身もそういうフシがありました。自らの不明を恥じるばかりです。

その後、ベクトルの関係者と近しくなったり、経営情報を知ったりするうちに、2013年頃には誤った考えが正されることになります。採用意欲も投資意欲も旺盛で、日本のコミュニケーションビジネスを牽引していたのです。

同じ業界にいながら、なぜ私はベクトルを見誤ったのか。理由のひとつが、愛社精神ではなかったかと考えています。

日本企業の会社員は愛社精神が強い。誰しもライバル会社の人材、サービス、ブランドに脅威は感じつつも、「大したことない、じつはウチの方が優れている」と思っているでしょう。社内ではライバル企業の失敗をことさら大きく扱ったりもします。しかし、これがマーケットの見方と異なっているとしたら、自分たちに迫る危機に気づいていないことになります。

エグゼクティブ向けのスピーチトレーニングを行なうトレーナーのなかには、ライバルのトレーナーに高額の費用を払ってトレーニングを受ける人がいます。自分の手法が時代遅れになっていないか、ライバルの強みが何かを自ら確認するためです。

別の言い方では、シーズでなくニーズを知る、ということです。

子どもを大事にしている親は、自分の子のあらゆる情報を把握しています。どんな長所があるか、どの科目が得意か、何の部活に入っていまどのくらいのやる気でいるか、誰と仲が良いか。「シーズ」を網羅しているのです。母親同士のランチでは、それぞれの子どもの話題で2時間があっという間に過ぎていきます。

では「子どもたちが学校でどのように評価されていて、どのような貢献が期待されているのか」となると、即答できない親も少なくないでしょう。学芸会では王、悪役、兵士、商人のどの役が適任なのか、クラスでは委員長、書記、図書委員、保健委員のどれか。いわば周囲から見た子ども、これを語れることが「ニーズを知る」ことです。

誰しも自社の強み、人材、サービス内容を語るのは得意です。しかし、消費者のニーズも語れなければなりません。「我が社のビールは他社のモノより美味しい」だけでなく、いまの消費者がビールに何を求めているのか。そのためには他社のビールを飲んだり、ビールを飲まない人の話を聞いたりする必要もあります。

組織に属していると、日々無数のコミュニケーションがあります。ゆえに自分自身が情報弱者であると感じることはないかもしれませんが、得るべき情報が得られているかどうか、常にチェックする必要があります。そのためには、費用負担をしてでもライバル社のサービスを体験することが近道ということがあります。

可能なら経費として認めてもらうのもいいでしょう。もし自己負担でライバル社のサービスを使うなら、さらに真剣に学べることは間違いありません。

## 【戦略8】新規上場会社を分析する

東京証券取引所には毎年数十社から１００社超の企業が新規上場を果たしています。創業５年程度の若い会社もあれば、80年以上の歴史を持って２０２１年に新規上場をした紀文食品のような伝統ある会社もあります。

もちろん上場会社でも倒産はありますが、その割合は過去30年間で１０００社に１社程度です。約20年前のマイカルやそごう、近年ではレナウンが大きく報じられましたが、上場会社はやはり日本経済において特別な存在なのです。

新規に上場する会社は多くの人にとって「聞いたことがない会社」です。ただし証券会社と監査法人と投資家の審査、賛同を経て、証券取引所が厳格な基準を設けて上場を承認している会社なので、事業内容の適正性と成長可能性があるはずです。

そうした会社がどんなサービスを開発・提供しているのか。誰がそのサービスを利用していて、どのような収益が上がっているのか。それらを自分なりに理解することは、ビジネスのセンスを磨くことにつながります。

有名な大企業の経営分析よりも新興成長企業の経営分析を勧めたい理由は、事業が単一あるいは３つ程度でわかりやすく、経営者のビジョン、プロダクトの開発方針、商流、広報マーケティング手法、プロフィットプール（利益をどのように得ているか）などがイメージしやすいからです。

細かな財務情報を読むのが苦手な場合は、まずは大まかに次の要素を整理していきましょう。

・名前と所在地、社員数
・どのような商品・サービスを、誰に、どのように売っているか?
・何が高く評価されているのか?
・売上はどのように推移しているのか?
・時価総額はどのくらいか?
・大株主および業務提携先はどこか?
・創業者はどのような人物か?
・役員構成
・競合はどのような会社か?

はじめの3つは基本中の基本です。駅前に複数のラーメン屋がある場合に、繁盛している店がどんなメニューをどんな価格で販売していて、どんな客層に支持されているのか。支持されている理由は味か、安さか、それとも別の理由か。誰しも独自視点で常にこうした分析をしていることと思います。新規上場会社であればメディアで数々の露出があるはずですので、当該企業が公表する会社案内やＩＲ情報と併せて眺めれば、事業のポイントを摑むことができます。

売上と時価総額は、当該会社や証券会社等のウェブサイトから容易にわかります。新規上場会社は赤字であることも珍しくありませんので、売上の２倍の支出があったとしてもそれ自体は何ら異常なことではありません。Ａｍａｚｏｎは１９９５年の本格創業から１９９７年の２年度で売上を３００倍にしていますが、２００１年第４四半期まで連続赤字でした。私はリスクを取って攻めに出ている企業を応援したいので、利益が出ていなくても積極的な人材採用をしていたり、海外市場に進出するために新規投資をしている企業に高い評価を与えます。

その他、大株主が誰であるのかはとても重要です。一概には言えませんが、創業者が大株主の上位に名を連ねていると、攻めの経営への期待は持てます。大企業が二桁パーセントの株式を保有していれば、その新規上場会社は大企業の経営戦略上の何らかの役割を担っていると言えます。

役員構成をどのように評価するかは人それぞれです。私は大学発ベンチャーの支援をしており、そのベンチャーの知的基盤を支える研究者、経営責任者、事業開発と営業の責任者、最高財務責任者（CFO）、社外取締役の陣容を注視します。スーパーマンのような起業家がいれば1人ですべてのミッションをこなすかもしれませんが、現実にはそれは無理です。たいていは3～4人くらいがコアメンバーとして会社の柱を作っていますので、そうしたメンバーに着目します。

人材プラットフォーム「ビズリーチ」を運営するビジョナル株式会社（2021年4月に東証マザーズ上場）は、新興成長企業のなかでも高い成長を達成しています。有名女優を起用したテレビCMが話題となっていますが、2022年7月期の決算を見ると、同社は売上高440億円の3分の1に匹敵する150億円近くを広告宣伝費に投じています。前年度も売上高290億円の3分の1に当たる95億円を広告宣伝費に投じていますが、この額は企業規模が何倍も大きな住友不動産と同規模なのです。

同社の基幹ビジネスであるビズリーチの売上高構成を「決算説明資料」から見ると、

人材を探している企業、ヘッドハンター、求職者から受け取るプラットフォーム利用料と、人材採用が成功した際に企業あるいはヘッドハンターから受け取る成功報酬が柱となっています。

人材を探している企業から見ると、採用広告を掲載して求職者からのコンタクトを待つのではなく、求職者のなかから条件に合いそうな人材を探して直接コンタクトすることができる「ダイレクト・リクルーティング」が可能です。

独立ヘッドハンターあるいは小規模なヘッドハンティング会社から見れば、プラットフォーム利用料を払うことで多様な人材の職務経歴を容易に把握できることは大きなメリットです。

そして求職者から見ると、自分から求人案件を検索してエントリーができるだけでなく、人材を探している企業とヘッドハンターから直接連絡を受けられる可能性があります。このシステムを運用する企業は近年増えており、名刺管理のＳａｎｓａｎ、ＷａｎｔｅｄＩｙ、ＬｉｎｋｅｄＩｎ、ＤＯＤＡ、リクルートもサービスを展開しています。ただしビズリーチはとにかく広告宣伝に熱心で、日本国内では人材プラットフォーマーとして存在感を獲得したと言えるでしょう。

往年のビジネスパーソンがイメージしやすいのは、転職サイト運営会社が人材募集企業から採用広告を出稿してもらうビジネスでしょう。この場合には、人材募集企業が支払う広告掲載料に売上を依存します。売上を増やそうとすれば、デザインのクオリティを高めようと制作費を追加請求するか、サイズの大きな広告枠にするか、広告掲載媒体の種類や部数を増やすか、という手法になります。この場合、広告を出すことによる露出効果はありますが、広告サイズを大きくすることによって誰にどれだけ見てもらえているのかを企業は把握できず、広告を見た人に直接コンタクトすることもできません。

ビズリーチの場合はプラットフォームの参加者がバランスよく増え、採用者と求職者の希望がより多く叶うことが双方にとっての価値であり、その結果としてビズリーチの売上拡大につながります。そのサイクルを回すため、多額の広告宣伝費を投じてプラットフォームの認知向上を図っているのだと考えられます。キャッチーなＣＭをタクシーやメディアで大量に流す手法は奏功していると言えるでしょう。

もうひとつ、具体例を挙げましょう。２０２２年11月に東証グロース市場に上場したウェルプレイド・ライゼスト株式会社は、ｅスポーツの企画運営とプロゲーマーのマネジメント事業を専業で手掛ける稀有な企業です。

共同で同社の前身ウェルプレイド社を設立した谷田優也氏と高尾恭平氏の出会いは「渋谷のゲーセン」で、2人で熱く語り合ううちに事業が形になり、仲間が集まったそうです。eスポーツはパリ五輪の正式競技になるとの噂が出たように、世界では競技人口が急増しており、多額のマネーが集まっていますが、日本では十分なエコシステムが形成されていません。同社の発展を通して日本のコンテンツ産業の世界展開、日本人プロゲーマーの世界進出などが起きていくことに期待が集まっています。

新興の成長企業の経営分析をすることで、一般に普及している既存のビジネスのどこに課題があり、どのようなソリューションが消費者から支持されていて、結果的にどのような新しい産業が生まれているのかを把握することができます。

成長企業が存在感を高めていく背景には投資家の支持もありますので、どんな投資家がどのようなビジネスの成長を促しているのかを想像することもできるでしょう。

加えて、それぞれの成長企業がどんな人材を求めているか。多額の広告宣伝費を投入するデジタルプラットフォーム運営会社やSaaSのクラウドサービス運営会社は、おそらくエンジニアに加えてデータサイエンス、デジタルマーケティング、デザインに精通した人材を常に求めているはずです。そうした企業の行動によって採用市場にどのような影響が起きているかを探ることからも、新しい知見を得ることができます。

## 【戦略9】国の資料でマネーの動きを先読みする

投資の世界には「政策に売りなし」という格言があります。政府が「脱炭素」にカジを切っている状況では、再生可能エネルギー産業に投資をして失敗することはないという具合に、政策動向をウォッチして判断をすれば損をすることはないという意味です。

公的部門の年間支出はGDPの4分の1ほどの約149兆円にも上ります。うち51兆円が社会保障基金、つまり年金、医療、介護等の支出です。また7兆円は公的企業で、日本銀行、日本政策投資銀行、高速道路会社、年金積立金管理運用独立行政法人（GPIF）、日本貿易振興機構（ジェトロ）などが代表的なものです。残りの91兆円が中央政府と地方自治体の支出です。

この巨額のマネーを動かすのが「政策」です。

政府が毎年6月頃に決定する「骨太の方針」では、近年どの項目にもデジタルというワードが登場しており、あらゆる施策でデジタル化を進めるという姿勢が強く打ち出されています。政府文書を読み慣れない人でもこれだけデジタルが連呼されれば、国家予算がどこに向けられるかをわかりやすく理解することができます。

まずは最新のものを読んでみましょう（「経済財政運営と改革の基本方針 2022 新しい資本主義へ ～課題解決を成長のエンジンに変え、持続可能な経済を実現～」）。内閣府のサイトで、英語版とともに公開されています。

ここで見るべきはデジタル化のもと、各分野でどんな取り組みが推進されるのかということです。これもビジネスのアイデアに結び付けることができます。

例えば、GIGAスクール構想では、学校で1人1台端末を実現し、リモートでの教育環境の整備、デジタル教科書の利活用、児童個々の習熟度に応じた個別最適な学びの実現などが謳われています。

防災へのデジタル活用については、防災無線のデジタル化、SNS情報のAI解析、衛星関連技術の研究開発推進といった取り組みがうかがえます。

「骨太の方針」を議論する経済財政諮問会議の議事要旨にも目を通すと良いでしょう。2022年6月7日の会議では、41分間の会議中に18回も「スタートアップ」という言葉が登場しました。岸田文雄総理がスタートアップの創造・支援に熱心というだけでなく、実業界、学界、地域からの会議出席者がどのような思いでスタートアップを語っているかを知ることができます。また、会議出席者の多くが、政策を広報することへの課題を述べています。

櫻田謙悟・前経済同友会代表幹事は、「（政策情報は）国民には複雑過ぎて、進捗や達成状況が見えてこない。継続性の観点から多くの施策が翌年の工程表に引き継がれるが、時々の重要テーマに伴って整理の仕方が変わるため、前年との違いや進捗の検証がやや難しい面がある」とコメント、他の出席者からも同様の発言がなされています。そのため、政策資料の内容が理解できなくても、みんな同じ気持ちですので心配無用です。

「老後資金2000万円問題」も、「国の資料」に端を発していたことは先述しました。ただし、騒動は新たなおカネの動きを生み出しました。

当時（2019年）の確定拠出年金（企業型DC、iDeCo）の加入者は約812万人でしたが、2022年3月末時点では約1021万人と、209万人増加しています。このうちiDeCoの加入者は121万人から239万人へとほぼ2倍になっています。

ＮＩＳＡ口座の増加も見られています。特に20～30代では２０１８年末に約１００万口座だったのが２０２１年末には３００万口座へと急拡大をしています。若者世代の金融投資マインドの高まりがうかがえます。

国際社会で議論されているアジェンダからも、マネーの動きを先読みすることができます。

２０２０年1月の第50回ダボス会議年次総会で発表された「リスキリング・レボリューション（Ｒｅｓｋｉｌｌｉｎｇ Ｒｅｖｏｌｕｔｉｏｎ）」では、２０３０年までに10億人により良い教育とスキルと仕事を提供する目標が示されました。

日本政府では２０１７年頃から「リカレント教育の推進」が重要政策テーマとして取り組まれてきました。一般的には「社会人の学び直し」と言われ、学位や資格の取得に際しての教育訓練給付の拡充や、ＩＴスキル習得の環境整備などが政府によって進められました。厚生労働省の制度説明資料はわかりづらいのですが、ＭＢＡスクールやロースクールに進学し修了した場合、「専門実践教育訓練」に該当し、受講費用の最大70％が支給されるなど、キャリアアップへの支援は充実化しています。

リスキリング・レボリューションもリカレント教育推進も目的に違いはありませんが、

リスキリングには人材を雇用・登用する産業界側にさらなる人材活用への努力を求める趣旨が込められています。「骨太の方針」には3年で4000億円規模の予算をリスキリング等の「人への投資」のために措置することが明記されています。そして、2022年10月に閣議決定された総合経済対策では、物価高対策と並んで、リスキリング支援を含む「人への投資」に5年で1兆円を投じる方針が示されました。

国会の議論や政府の政策形成過程は会社員にとって身近なものではありません。文章もレイアウトの仕方も独特すぎる役所の資料など読む時間があれば、不動産投資でFIREする本や、営業のノウハウが書かれた本や、企画書の極意が書かれた本を読む方がビジネスに役立ちそうです。実際、そちらのほうが格段に読みやすい。

ですが、経済主体としての政府部門が使う金額はどの大企業の投資よりも巨大であると考えれば、目を通してみることは有用です。

首相官邸のウェブサイトの「総理の演説・記者会見など」「内閣官房長官記者会見」「主要政策」に目を通せば、政府が重要視している政策テーマと、個々のテーマにどう取り組むかの方針を知ることができます。もっとも、政府機関はテーマを絞って伝えることが苦手なので、「主要政策」のページにも非常に多くのコンテンツが入っていて「この3つだけ見れば総理の方針がわかる！」という構造にはなっていません。役所勤めや政策研究の経験が無い人にとってはポイントがわからず冗長に感じるかもしれません。

一つだけおススメするとすれば、「内閣官房長官記者会見」のコーナーです。

内閣官房長官は通常、午前と午後、1日2回の記者会見をしています。閣議の概要、外国要人の来訪、災害の情報等を伝え、記者からの質問に応答します。記者たちはそうした内閣官房長官の発言内容とは関係なく、それぞれが関心のある政策の中身、法案や予算案に関するスケジュールや国会の状況に関する質問をします。それ以外にも「ワールドカップ日本代表への評価は？」といった質問もあれば、「株価への評価は？」という質問や、選挙に関すること、政治家のスキャンダルにまつわる類の質問があります。記者会見の模様は動画でアーカイブされていますので、これを見ることでマスメディアの関心事項と、それに対する政府の説明内容を知ることができます。

## 【戦略10】上司ではなく、社内を見渡す

自分の上司が自分を伸ばしてくれるとは限りません。これは上司が無能ということで

はなく、上司に自分のキャリアを委ねるという発想が間違っているという意味です。部下思いの上司であったとしても、上司が部下のためにできることはじつは少ない。それなのに「上司が何もしてくれない」と嘆くのは独り善がりです。

同様に、部下が常に従ってくれるとも限りません。「部下が報告・連絡・相談をしてくれない」と嘆くのもまた独り善がりです。

パワハラやモラハラが続き、改善が見られない上司の場合は、すぐに離れるべきですが、そうではない理由で上司あるいは部下に不満があって転職を考えているなら、その前に社内の他部署を知ることにトライするべきです。

社内のレクリエーションや組合活動、部署横断的な新規事業プロジェクトにエントリーしたり、他部署の懇親会に飛び入り参加するのも良いやり方です。普段とは違うメンバーとブレストをすることも刺激になります。

これには2つの効果があります。1つ目には、あなたの参加を知った直属の上司あるいは部下に適度なプレッシャーを与えることができます。今のチーム状況では能力が発揮できない、仕事が楽しくないことを暗に伝えることで、相手に行動の改善策を考えさせるのです。

2つ目は自分自身の価値観を広げる効果です。自分のデスクから見える範囲の人間関係だけを見ていると、ミドルとして持つべきマネジメント能力も洞察力も身につきません。

仮に退職するにしても、他部署の人たちのことを知らないまま辞めるのは勿体ないのです。自分にとって長い友人になれる「掘り出し物人材」が社内で見つかる可能性は大いにあります。

私自身は組織のバックアップが無い状態、つまり非正規の立場で働いていた経験が長く、「上司が話を聞いてくれない」「情報をもらえない」「給料が上がらない」などは当然のことでした。ですからこれらは悩みですらなかったのですが、組織人として働いているとそうしたことに悩んだり憤りを覚えたりして、心身を消耗してしまうものです。

余談になりますが、心身が消耗したときにはどうするか。ひとつ効果的な方法は、有名人のＷｉｋｉｐｅｄｉａページを開いて読むことです。お勧めは、矢沢永吉氏とＮｅｔｆｌｉｘ共同創設者のリード・ヘイスティングス氏です。

まるで襲い掛かってくるような幾度もの困難。それを乗り越えていくダイナミックさ。

それらを読むうちに、上司が親身になってくれることを要求したり、部下が思い通りに動くことを期待する、自らの「受け身の発想」に気づかされるはずです。ゼロから身を起こした起業家や芸能人や政治家のサイドストーリーには、必ず奮起させられる点があります。

その気持ちで、自分がいま所属する部署を超えて、広く社内を見ていきましょう。

## ――健康資産を増やす

### 【戦略11】睡眠時間を基本に1日のスケジュールを組む

世界で睡眠の研究が加速しています。アメリカ有数の政策シンクタンクであるランド研究所が2016年に発表した調査レポートによると、睡眠不足による日本の経済損失は最大1380億ドルとされています。1ドル130円換算で約18兆円、国民1人当たり年間14万円以上です。

睡眠不足で、集中力や記憶力が落ちた経験を持つ人は多いでしょう。眼が乾きやすくなることでパソコン作業も苦痛になります。「早く帰って寝たい」という気持ちから仕事が雑になり、業務の質の低下と倫理感の低下にもつながります。

内山真・日本大学医学部教授（日本睡眠学会前理事長）によると、睡眠時間が６時間未満になると翌日の日中に強い眠気を感じるようになり、これが続くと日中の慢性的な眠気が生じ、疲れやすさ、集中力や注意力の低下、イライラ感などが起こって、日常生活に支障が出てきます（ＮＨＫ健康チャンネル「眠れないとうつ病になりやすい？不眠・睡眠不足と健康の関係」より）。

海外の先行研究からは、睡眠不足による糖尿病、心血管疾患のリスクの増加、交通事故発生確率の増加、うつ病の発生確率の増加が指摘されています。妊婦の場合には子どもの心身の健康に影響を与える可能性も指摘されており、男性の場合は精子の濃度を低下させる可能性が指摘されています。

ＯＥＣＤの調査によると、日本人の睡眠時間は１日当たり平均７時間22分で、先進国の中で最下位です。欧米主要国は８時間半前後です。アメリカでは学校と職場で睡眠教育が広がっており、昼寝を推奨している企業もあります。

ラスベガスで開催されている世界で最も有名な家電・デジタルサービスの見本市「コンシューマー・エレクトロニクス・ショー（ＣＥＳ）」では、睡眠の測定・分析・改善に関する技術「スリープテック」の展示規模が拡大しています。以前はヘルスケアのテクノロジーの一部としての扱いでしたが、コロナ禍直前の2020年1月のCESではスリープテックだけで各国企業がこぞってサービスを披露し、大規模な展示ゾーンが形成されていました。

世界におけるスリープテックの市場規模は2027年に406億ドルになるとも予想されています（調査会社Global Market Insights）。

会社で管理職になるとき、あるいは転職するときに、絶対に避けたいのは自分自身の心身の不調でしょう。どれほどの損失が発生するかは、考えられないほどと言ってもいいはずです。防げない病もありますが、確実に打てる対策もあります。

それが、日々の生活のなかで睡眠を確保するということです。

スケジュールを組むときには、まず就寝時間を設定してから、その他の用事を入れるようにしましょう。就寝予定時刻の4時間前には業務を終え、2時間前には食事を終える、という具合にスケジュールを組むと、業務時間の集中力アップと業務の効率化が図られます。そうして必要な睡眠時間を確保します。眠くてたまらないなかしぶしぶ起きる朝を、もうやめましょう。

試しにこれをやってみた友人（40歳男性）がいます。１７０センチで80キロ台前半。中年太りを気にしていた彼が22時就寝を半年間徹底したところ、特に運動を増やしてもいないのに体重が10キロ減りました。睡眠を改善するとレプチン（食欲抑制ホルモン）の分泌が増えると言われています。体重が気になる人にもおススメです。

## 【戦略12】専門医、カウンセラーを味方にする

健康経営や人的資本経営にかかわる業界では、近年、「プレゼンティーイズム」に関する研究が進んでいます。

プレゼンティーイズムとは、何らかの疾患や症状を抱えながら就労し、業務遂行能力や生産性が低下している状態と定義されます。状態が悪化して欠勤を余儀なくされるケースは「アブセンティーイズム」と呼ばれます。どちらも望ましくありませんが、アブセンティーイズムは状態として見えているのに対し、プレゼンティーイズムは容易に発見できません。

例えば、生活習慣病やうつ病を抱えていながら休みを取らずに働いている従業員がい

るとします。この人物に支払っている人件費が700万円で、健康だったときと比べて業務処理量が30％落ちているとすればどうでしょうか。厳しいことを言うと、生産性が210万円分低下しているのです。本人も本調子でないのですから、苦しいでしょう。

もしこの人物がエース社員で給与の何倍もの成果を上げているとすれば、生産性の落ち込みはより大きくなります。加えて周囲の従業員への負担が発生しているなら、チーム全体の生産性低下も起こり得ます。

欠勤するほどの状態ではないからと勤務を続けることで、徐々に心身を害していき、最悪の場合には長期間の就労不能状態に陥ってしまいます。プレゼンティーイズムによって本人と勤務先に生じる損失は、本人が欠勤することによる損失よりも大きいと考えられています。

東京大学政策ビジョン研究センター健康経営研究ユニットの研究「健康経営の枠組みによる健康課題の見える化」によると、倦怠感、抑うつ、肩こり・腰痛、睡眠障害が、生産性低下に大きく影響を与える疾病・症状として挙げられています。

ミドルになると、これらのいずれも身近になります。肩こりひとつでも若い頃とは段違いで、私自身、せっかく良いアイデアが浮かんだのに肩こりが酷くて企画書が書けなかった経験が何度もあります。

抑うつなどに悩む人は増えています。厚生労働省「患者調査」によると、気分障害の患者数は2008年に100万人を超え、2014年に111万人超、2017年には127・6万人と増加しました。OECD「図表で見る医療2021年版」では、コロナ禍でうつ病・うつ状態を抱える日本人が2倍以上に増えた可能性を示しています。

気分障害とは心身のストレスから脳の働きに何らかの不調が生じている状態と捉えられています。「MSDマニュアル家庭版」によると、長期間にわたり悲しみで過度に気持ちがふさぎ込む（うつ病）、喜びで過度に気持ちが高揚する（躁病）、またはその両方を示す感情的な障害を示す障害をいいます。躁病は少なく、多くはうつ病か双極性障害（躁うつ病）が占めています。

気分障害の発症原因は明確には解明されていませんが、心身のストレスから脳の働きに何らかの不調が生じている状態と捉えられています。心療内科などに足を運ぶことに抵抗のある人も少なくないことを考えると、実際は前述の人数の何倍もの人が不調を抱えているかもしれません。

不調を感じたら、専門医やカウンセラーの診察を受けてみるべきです。

過去にはうつ病への偏見があり、患者の職場復帰の困難さが社会問題化したことがありますが、現在はケガと同じように治療によって改善する傷病という理解が浸透しています。

人間関係の深刻な悩みや、金銭的な悩みを抱えている場合、「医者に診てもらったって解決しない」と診察を受けない人も少なくないでしょう。確かに医者には悩みの根源を解決することはできませんが、傷病の状況を確認して改善策を講じることはできます。そして、不調が和らげば悩みの根源の解決に取り組めます。

専門家を、あなた自身の味方にしてください。

## 【戦略13】家族やパートナーの健康資産を向上させる

健康資産を語るうえで、忘れてはいけないのは家族の健康資産です。先に自分の睡眠時間を第一にスケジュールを組むことを提言しましたが、家族が倒れれば世話や負担が発生します。もちろん避けられない病気もありますが、気を付けることはできます。

ＮＨＫ放送文化研究所の２０２０年の調査によると、性別、年代別で最も睡眠時間が短いのは50代女性でした。この年代では朝６時に起きている割合も、夜11時に起きている割合も、男性より女性が高くなっています。

これは、子育て、家事における女性の役割の大きさが原因とされています。子どものお弁当を作るために朝５時台に起床し、夕食後は翌朝の準備をしてから就寝。専業主婦世帯だけでなく、共働き世帯でも、家事に費やす時間は男性より女性の方が多い傾向があります。パートナーと同居する男性の場合には、自分自身が夜更かしをしないとか、深酒をして帰宅しないということも大切かもしれません。

もう一つ紹介したいのが、子どもの生活習慣病の増加です。日本生活習慣病予防協会によると、メタボリックシンドロームや２型糖尿病、高血圧、脂質異常症などの病気が子どもたちの間でも増えている傾向があります。乳幼児期からスナック菓子や甘味を摂りすぎると肥満になってしまうケースもあります。

肥満の子どもが増加する一方で、ダイエットをする子どもの低年齢化も目立ちます。特に美容を意識した女の子はやせ願望が強くなっています。しかし、間違ったダイエットをすると、将来、妊娠や出産時に必要な身体の機能に障害が生じたり、骨粗しょう症などが早期に現れるおそれもあります。

加えて危険なのは、拒食症や過食症という摂食障害につながりかねないこと。身体の発達に見合ったバランスの良い食事をきちんと摂って、健康な身体と心を家族全員で意識しましょう。

## 【戦略14】運動で老化を遅らせる

米国では老化を遅らせる、つまり老化を制御する研究に取り組む企業が多数誕生しています。2009年に創業したUnity Biotechnology社は老化細胞に作用する薬剤を開発しており、2018年5月にナスダック市場に上場しています。日本でも東京大学医科学研究所の中西真教授が、体内に存在する老化の原因となる細胞の解析に成功しました。老化は不可逆的に進むため若返ることはできませんが、そのメカニズムの解明は進んでいることから、老化を遅らせる知見が集まりつつあります。その一つが適度な運動をすること、暴飲暴食や夜食を避け三食をバランスよく摂る食生活を心がけるといったことです。

当たり前、と思われましたか？　では、実行できているでしょうか。

加齢によって骨格筋量と筋力は低下します。骨格筋量の減少は代謝を減らしますので、若いときと同じ食生活を続けていると中年太りになります。その状態が続くと生活習慣病予備軍になり、身体のあらゆる器官の老化が引き起こされます。もちろん、肌のツヤ、タルミなど美容面の問題とも無縁ではありません。

40歳を過ぎたら、ウォーキングやストレッチなどの有酸素運動に、毎週2〜3回くらいは意識して取り組みたいものです。ダンスも良いでしょう。運動によって筋量と筋力の維持・増進ができて身体面の老化が防止されるだけでなく、タイムマネジメントの感覚を高める効果もあると私は考えています。


私はランニングが趣味で、通算15回以上フルマラソンに出走しています。秋から春のシーズンには週3回走ります。長距離のランに出るときには事前に天候を調べます。小雨ならばともかく雷雨のなかを走りたくはありませんので、荒天の予報が出ているときは何時までにスタートすれば予定通りのランニングができるか、そのためには前日何時までに業務のメドをつけなければいけないかを意識します。朝8時30分までに走り終えるためには前日22時には就寝し、5時に起床し、7時までにストレッチを終えるという具合に逆算していきます。

食生活の改善にはすぐに取り組みましょう。

食生活でも、運動の習慣でも、情報が溢れるほど公開されています。大事なのは様々な専門情報を拾いながら、無理なく長く続けられる方法を見つけることです。

## ——変化するために動く

### 【戦略15】職場以外で役員になる

職場で役員になる前に、役員を経験してみるという手があります。

マンションの管理組合の役員、町内会の役員、子どもがいる場合にはPTAの役員。

これらは多くの人にとって、必ずしも喜んで引き受けたい役目ではありません。金銭的な旨味はないし、時間は取られるし、嫌われ役になるときもあります。やっかいな人にも出くわし、対応に苦労させられるはずです。

違う組織を経験すると、いかに職場での立場が恵まれているかがわかります。誰かが指示をしてくれたり、文書を作ってくれたり、経費精算をしてくれたり、配慮をしてくれて、自分の仕事が成り立っていることを思い知らされます。

また、仮に理路整然と主張をしても、相手に届くか、受け止めてくれるかどうかはわかりません。相手側から見れば、これまで世話をしてくれたわけでもないあなたの要望を聞く理由はないかもしれないのです。

そうした一味違った経験をすると、「勤務先の看板がない場合にはこういう心構え、トークが必要だ」と知ることができます。

一方、気づかなかった自分のスキルに気がつくこともあります。私は元々社交的ではないのですが、様々なイベントを開催する立場になりました。30代半ばから40代前半の時期に複数の団体の運営に関わるなかで、シンポジウムや勉強会や懇親会や忘年会などで様々な幹事を務めました。それが不思議と、苦ではないのです。人の前に立つこと、交渉すること、まとめることなどが、意外にも「苦ではない」ことへの発見があるはずです。私の場合は、知り合い同士をつなげる機会が多くなり、さらに知人が私を誰かに紹介してくれることが増えていきました。それは組織の看板なしで生きていくうえでの自信になっています。

### 【戦略16】「1日5アポ」をやってみる

ミドルになると、人脈、ビジネス手法、スキルが固定化しがちです。自分の特長を伸ばしてきた結果として、あるいは周囲から求められた結果として、何らかの固定的な役割を忠実に担い続けているということであれば良いのですが、何となく仕事ができる状態が続くのは「マンネリ」にほかなりません。

安定企業に長くいるほど、その傾向は強まるでしょう。営業マンであれば長く取引をしてくれる顧客や、経験豊富な代理店との信頼関係を保つことが日課です。システム部門であれば基幹システムの維持、人材開発部門であれば研修会社とのやり取りと定型的な研修の遂行などで1年が過ぎることがあるでしょう。

ビジネスの基本は商品開発と営業です。いずれも顧客の声と感覚を理解することが最優先なのに、長く勤めるほど「管理と助言」が業務の中心になる。失敗を減らすことに視線が向きがちです。それによって若い頃に持っていた意欲はどこかに消えてしまい、競争力が失われます。実際に、年単位で見た業績も代り映えしません。大きく落ちないかわりに、大きく伸びないのです。

新境地を開きたい場合には、「日常」を捨てて外部環境に飛び込んでいかなければいけません。そうは言ってもすぐに退職・転職はできないとすれば、現在の業務が許す範囲で、自分自身に外的ショックを与える必要があります。

私が顧問を務めていたスタートアップ会社では、営業戦略のアイデアが行き詰まった際に、役員が１日５アポ、つまり１日５件の新規商談を取りに行くという行動に出ていました。実際、合計５名が毎日１件１件電話とメールでアポを取り、１日５件ずつ訪問し、５名×５件×20日で５００社を訪問したこともあります。なかには「１日８アポ」を何日か連続で獲得していた剛腕営業もいました。

初めての相手との商談では、普段使っている言葉が通じなかったり、価格感の共有に時間を要したりしますが、思わぬ関係性が生まれることもあります。そして場数を踏むほど、手痛い経験も、多彩で面白い経験もすることになるでしょう。

自社のプロダクトは本当にニーズがあるのか、価格は正しいか、どこに魅力や課題があるのか。自分のプレゼンのどこがわかりづらいか。そして強みと弱みは何か。いつも同じ相手とビジネスをしていると見失っていることが、新しい相手とのやりとりによって見えてきます。

営業など外向きの業務担当ではなく、バックオフィス部門に勤める人にも同じことが言えます。1日5人、他部署の社員とミーティングをするとか、毎日他部署の社員とランチするといった目標設定をしましょう。やってみると1日5アポを続けるのは結構大変ですが、ちょっと難しそうな目標を達成できると大きな自信になります。そして確実に、自分自身が鍛えられていきます。

## 【戦略17】手を動かす時間、頭を使う時間を分ける

私は永田町・霞が関でたくさんの会議を眺めてきました。

新しい取り組みを検討する会議ではたいてい、個々の政策・制度を所管する省庁が「論点整理」と銘打ったパワポ資料を配布し、新しい取り組みの必要性と問題点を挙げる場面があります。データやグラフを並べつつ、「重要性はあるが既存の法令との齟齬がある」とか「すでに進んでいる類似施策の効果検証を待つ必要がある」といったコメントを盛り込んで、どれを実際に進めるかを諮っていきます。

そのようにして、想定されるメリットとデメリットなどの論点を的確に整理することは組織の戦略を決定するうえで不可欠です。

ところが、得てして、論点整理をすること自体が目的化してしまうことが少なくありません。結論を出したくない人物が論点だけを延々と述べる事態もあります。「厳しい意見ばかり言われる」「なかなか企画が通らない」と言われる会議があなたの職場にもないでしょうか。

「ちゃんと成功するのか」「どのぐらいの収益になるのか」「その想定顧客でいいのか」などと問われ続けた経験があるでしょう。成功を保証しなければならないかのように綿密な説明を求められ、様々な資料を作らされた挙句、提案の問題点ばかりをクローズアップされ、「時期尚早だよね」と結論付けられる。あるいは提案が認められても、本番である「企画実施」に掛けられる時間や熱意が大きく損なわれることもあるでしょう。

それは、膨大な時間と労力の無駄です。

政府で多数の規制改革を実現した、あるやり手の元経済産業省職員はこう言います。

「会議で扱う資料は2～3枚以内。説明は5分以内を原則にする」

規制改革を求める世の中の声に対して、いつ、どのような手法で、何をやるのか。それだけを議論する方針を徹底したということです。

資料作成に膨大な時間を要することで仕事をした気にはなれますが、無駄になる時間に目を向けましょう。もし皆さんが部下に論点整理資料を作らせる側である場合には、その時間を削減して「知恵を出す」ことに充てるべきです。そうでなければあなた自身も部下も、いざというときに物事を判断できない人間になってしまいます。

手を動かす時間と頭を使う時間を分け、メリハリをつけましょう。ここまでお話ししてきた成長戦略を実行に移すためにも、メリハリづけと「捨てる」作業は大切です。


2020年4月7日、新型コロナウイルス感染症の拡大防止のため、初めての緊急事態宣言が発出されました。この頃の政府対応には、「生ぬるい、都市封鎖（ロックダウン）すべき」「休校要請が拙速すぎる」など両方向からの批判が多くありました。給付金も「生活困窮世帯1世帯当たり30万円」から「全国民1人当たり10万円」に変更されるなど、政府の迷走ぶりも報じられました。

本書はビジネスの実用書であり、政府批判を呼びかける本ではありません。言えるのは、当時は新型コロナウイルスがどのようなものか解明されていないなか、政府として重視したのはリスクを想定しつつ、なるべく私権の制限を伴わない形で人流を抑え、社会を維持することでした。また諸外国の対応の速さ、厳しさにも相当な幅がありました。そもそも虎の巻などないので、何が正解かは誰もわかりません。

管理職の仕事は、判断をして、責任を取ることです。そして多くの場合、判断に与えられる猶予は長くありません。管理職として部下や周囲を困らせないためにも、日々の意思決定において早く判断する習慣を身につけておきたいものです。家族旅行ひとつをとっても、北海道に行くのか沖縄に行くのかをいつまでも決められなかったら大ヒンシュクでしょう。判断の遅れは周囲の人を困らせます。判断が早ければ、後になってそれを撤回・修正することもできます。その勘所は、いくら資料作成や発表準備に時間を割いても身につきません。

日本人ジャーナリストとしてエアフォースワンに搭乗し、クリントン米大統領にインタビューした小池洋次・元関西学院大学教授（元日本経済新聞社論説副委員長）がこのように語っています。

「メディアでの〝拙速〟という言葉の使われ方を考え直す必要がある。後から振り返って欠陥があったとしても、速く決断して行動すること自体が批判されるべきではない。

〝拙遅〟はダメだが、速いことは良いこと」

## 【戦略18】資格・肩書を断捨離する

資格へのこだわりがキャリアの可能性を狭めることがあります。

以前、50代の女性からこんな相談を受けました。

「娘は管理栄養士の資格を持っています。管理栄養士は公務員になるしか稼ぐ道が無いから、娘は公務員を目指すしかないですよね？」

すかさず、稼ぐ能力の有無と資格は関係ないと伝えましたが、女性は管理栄養士の平均年収よりも公務員の平均年収の方が高いと言って、公務員試験を受けさせると主張したまま帰っていきました。

管理栄養士を必要としている現場は増えています。学校や保育園、医療機関、介護事業者、食品会社、製薬会社、薬局のほか、近年はＩＴ企業や戦略コンサルティングファームでもデジタルヘルスケアサービス展開のために管理栄養士の能力を求めています。

公務員よりも高い報酬を得る道は多様にあります。長寿社会を迎え、予防医療への取り組みが広がるなかで、管理栄養士は今後売り手市場になっていくと私は見ています。

娘さん本人が公務員になることを希望していれば良いのですが、資格を活かそうと考えるあまり、この母親はキャリアの可能性を狭めてしまっています。もしかしたら娘さんには管理栄養士であること以外にデジタル分野のスキルがあるかもしれませんし、公務員でいるよりも民間企業で働く方が性に合っているかもしれません。

資格は重要なツールですが、資格が持つ就業イメージに左右され過ぎてしまっては、せっかくの資格獲得努力が水の泡になります。

勉強熱心なミドル世代の女性の場合、秘書検定、語学資格など複数の資格を持っていながら、さらにＩＴパスポート、キャリアコンサルタントなどの資格取得に取り組み続けている人がいます。

努力をすること自体は素晴らしいのですが、転職市場で評価されるのは資格の「数」ではありません。むしろ本当に必要な資格を1つに決めて、その資格を取り巻く専門知識を徹底的に追求するということの方がより難しく、重要です。

とはいえ、私も気をつけなければなりません。初対面の人によく「間中さんは何者なのですか？」と問われるのです。これまでの職業経験に議員秘書、博報堂と電通での勤務があり、フリーランス生活と起業、行政での勤務、非営利団体役員、少しだけメディアでコラム執筆をしており、現在は大学教員としての活動をしています。同時期に複数の職を兼任してきたので、相手からは確かに「何をしてきた人」なのかがわかりづらいでしょう。

ただし、大物経営者や政治家、芸能人は一人で多くの立場を抱えていますし、弁護士や会計士のような士業の人々、大学教員の兼職は普通のことです。税理士や社会保険労務士のなかには、講演・執筆や顧問業など、本業以外で生計を立てている方たちもたくさんいます。

大事なのは、肩書に主従がついていることだと私は考えています。「大企業課長」の名刺を持つ人物が「業界団体運営委員」でもある場合、前者が本業だろうなと思えますが、もし一枚の名刺に企業の正社員、政府機関のスタッフ、大学の研究職、複数の非営利団体役員の肩書が並んでいれば、もらった相手は混乱するでしょう。

いくつも肩書があることはどれも中途半端ということですし、ずっと恥ずかしいことだと思ってきたので、ここ数年は自分の肩書の断捨離に取り組んでいます。

複数の組織で肩書を得ることで得られる人脈、経験の価値は大きく、キャリアの可能性を拡大することには疑いはありません。エネルギッシュな社会人には積極的に兼業・副業にチャレンジして活躍してほしいです。ただ、増えた肩書や資格を整理することは増やすことよりも重要だと考えています。極論すれば、中小企業の社長が会社を大企業に発展させることができれば、社長という肩書一つで、いろんな活動をすることができます。

自分自身の目指す道にとってどれを「メイン」にしていくかを決め、それを基にして自分自身の能力や存在感を高めていくということが、信頼感を高めることにつながります。

## 【戦略19】社長にレポートを提出する

どんな組織でも、社長と現場には認識のズレがあります。大企業では勿論のこと、従業員100名以下の中小企業でも、社長が社員から「遠い存在」となっていることが少なくありません。

何がそうさせるのでしょうか。社長が普段オフィスにいない場合、幹部の誰かが社長の言葉を自身に有利なように〝操作〟することがあります。それで現場からの情報も社長に十分に伝わらないなか、意思決定をせざるを得ない環境なのかもしれません。

社長の方針に疑問があったり、職場に問題が発生しているなら、飲み屋で愚痴をこぼす前に、メールでレポートを送ることを勧めます。もし社長に意欲が無かったり、社長以上に実力派役員がいる場合はそちらを宛先にするのも良いでしょう。

組織のトップは得てして孤独です。現場の情報は上がってくるルートが固定化しており、一握りのワンマンオーナーでない場合は予算や人事を意のままに動かせるわけでもありません。例えば、開発部門の業務の質に問題があるという事実が伝わっていない状況で、発言力の大きな開発担当役員から「新製品にはもっと広告費を投じないとダメ」と何度も主張があれば、社長は広告費を増やす決定をしてしまうかもしれません。

現場にどんな問題が生じていて、対応しないとどんな不都合があるか。解決するにはどんな手が考えられるか。現場から社長にそれを伝えることには意味があり、社長からフィードバックが得られたり、抱いているビジョンを共有してもらうことになるかもしれません。すると問題の構造が違って見えてくるはずです。

自分がレポートを出したことを、周囲に知られたら絶対困るという方もいるでしょう。

その場合には、そのようにレポートに書けばいいのではないでしょうか。

どんな組織にも、トップにしか見えない景色があります。

私が30代で広告会社から政府機関に出向したとき、40代の先輩たちからは「政府の仕事を取ってきて欲しい」という依頼をしばしば受けました。ところが社長と常務は「会社のためじゃなくて政府のために働いてきなさい」という言葉とともに送り出してくれたのです。出向社員は出向元と出向先の板挟みになることが多いのですが、私自身は社長と常務の言葉に背中を押され続けました。

2017年のユーキャン新語・流行語大賞に選ばれた「忖度《そんたく》」の言葉は、いまだに社会に蔓延しています。それも、「他人の真意を推し量る」という本来の用法ではなく、実際には政治行政の現場でもビジネスの現場でも「権力者の真意を推し量ったかのようにして、自らの思いを実現する」ことに使われている場合も多いと感じます。「社長がA案の方が良いと言っている」と喧伝している部長自身が、じつはA案に決めたがっているという具合です。

こうした構図になっている場合、その「壁」を越えるのは、丁寧にまとめられたレポートです。大勢の社員がいる企業でも、自ら労を取ってレポートを提出する社員は一握りでしょう。そしてメール一通で、そのレポートは提出できるのです。

トップが見ている景色と、トップの下にいる人が見ている景色の両方を理解することができれば、何年分もの「飛び級」をしたことになります。

## 【戦略20】３人のロールモデルを設定する

新入社員の頃は誰しも理想とする人物像を持っていたと思います。

「孫正義さんのようにダイナミックなことをしたい」

「デヴィ夫人のように常に華やかで力強さを持った存在になりたい」

そして年月が過ぎてミドル世代になると、理想の人物像を追い求めることはなくなり、子どもに夢を託しつつ、徐々に自分が生き残るための処世術を追い求めることになります。

ただし、健康であれば80歳になっても第一線で活躍することができます。45歳であれば35年間、50代半ばでも25年間、成長できる時間があります。改めて自分にとってのロールモデルを設定することで、人生に前向きな目標を見出すことにもつながります。

その際、容易に手が届かない大経営者や政治指導者や歴史上の偉人をロールモデルにするのではなく、普段接することのできる身近な人物から3人を設定してみましょう。

3人くらいとする理由は、人格の優れている人、ビジネスにおいて優れた実績を持っている人、社会貢献や学術研究や芸術などビジネス以外の領域で優れた実績を持っている人、などの区分がある方が目標としての明確性が高まるからです。

私もやってみました。なかなか難しいものですが、いますぐ電話して悩みを打ち明けられる相手という条件で最終的に絞り込みました。メールやＬＩＮＥではなく、電話です。

・1人目　6歳上の電力会社に勤務するビジネスパーソン
・2人目　6歳下のシリアルアントレプレナー（連続起業家）
・3人目　24歳上の元大学教授

選定理由は、1人目は信念の強さと人望の厚さ、2人目は事業開発力と構想力と決断力、3人目の人物は高いレベルの厳しさと優しさが常に発揮されていることにあります。

身近な人物からロールモデルを探すメリットは、身近な人物の長所を見出す眼を養えることにあります。私たちの周りにいるのは比類なき完璧な人物ではなくて、「行動力はあるけどワガママ」「勤勉だけど仕事が遅い」「人望はあるけど構想力は無い」という、長所と欠点を併せ持つ人物たちです。私たちはしばしば欠点の方を取り上げて他者を批判することがありますが、長所を適切に評価し、学ぶことは非常に大切です。

世界の偉人をロールモデルにする前に、身近な人物に対して「無いものねだり」ではなく「あるもの探し」の目線を向けていくことで、人間関係を強くしていくことにもつながるでしょう。

なお、3人のうち1人は年下の人物にすること、1人は異性にすること、管理職であれば1人は必ず部下をロールモデルにするなど、ルールを定めてみるのも良いでしょう。部下をロールモデルにするためには、自分自身が他人をプラス評価することのできるマインドになることが不可欠だからです。

そして彼らと同じレベルまで自分が成長したと思えたら、遠慮なくロールモデルを更新していきましょう。

## 【戦略21】真の同志を5人集める

毎月のようにミドルやシニア世代の会社員から独立・転身の相談を受けています。「はじめに」に書いた通り、私は決して「キャリア強者」ではありません。30歳までは年齢平均の給与を超えたことがありません。ですがキャリアチャレンジ経験者であるとは言えます。様々な分野と業種をまたいで、常に自転車操業で仕事を追い求めてきました。

私に相談をしてくださる方はたいてい、こんな希望を語ります。

「ずっとサラリーマンだから人脈は無い。すぐ起業はできないが、自分ならではの仕事を作ることにチャレンジしたいと思っている。今の職場とは違う、どこか新しい組織に所属して定収を確保しながら副業を始め、人脈を作りたい」

とはいえ彼らの多くはすでに有名な大組織で役員や管理職に就いているのです。豊富な人脈を持っているように見受けられますが、異口同音に「どうやって人脈を作ればよいのか」と質問してきます。

ここで言う「人脈」には、2つの意味があると私は捉えています。一つはビジネスを先導あるいは伴走してくれる仲間という意味で、もう一つは独立後にお客さんとしておカネを払ってくれる人という意味です。

ミドル世代は住宅ローン、家族の生活費など様々なものを抱えています。ですから赤信号を1人で渡るような起業ではなく、主たる勤務先での地位を確保したうえでの副業か、誰かに先導してもらったうえで一定の収入保障がある状態での独立を希望します。この場合、人脈は「保障」と同義です。

では、その人脈の「数」が多い方が保障が充実していることになるかと言えば、そうではありません。起業して事業を軌道に乗せた人材がほぼ共通して語るのは「起業に必要なのは100人の友人よりも、数名の真の同志」ということです。


ラーメン屋を開業する場合、立地選び、資金繰り、内装のデザイン、レシピとメニューの開発、スタッフ確保、価格設定、マーケティング、物流など、様々な課題をクリアする必要があります。このときに「開店したら必ず食べに行くね」と言ってくれる100人の友人がいるのは望ましいことですが、より重要なのは、開店に向けて様々な課題を深夜週末も一緒に考えてくれる人、一緒に店舗に立ってくれる人、苦情にもめげずにポスティングをしてくれる人、長期的視野で資金提供をしてくれる人といった「同志」

的存在です。

食べに来てくれる100人は大切な存在ですが、店を一緒に作ってくれる人を5人集める方がより困難で重要です。5人のベストチームを作れれば行列ができる有名店になることができますが、ベストチームを作れなければ100人の友人が来ることはありません。

では、真の同志かそうでないかを見極めるポイントは何でしょうか？

数多くのベンチャー企業に関わるなかで次の4つが見えてきました。

一、戦略の策定と実行に責任を持つ人物
二、おカネを集めることに責任を持つ人物
三、組織を守ることに責任を持つ人物
四、あなたを守ることに責任を持つ人物

いずれも説明は不要でしょう。4つのうちどれか1つでもあれば真の同志と言えます。

あまり食べには来ないけど、いざSNS上で店が批判されたときには必死になって店の評判を守ってくれるような友人は四になるでしょう。

真の同志を集めるには何が必要でしょうか？

それは実行力です。戦略や熱意という説もありますが、戦略や熱意を実行に結びつける力があなたにあるか否かを相手側は見て、同志になる判断をすると思います。他のスキルが高くても、実行力がなければ同志は集まりません。

大きな夢を追いかけていつまでも悩むより、小さな規模でも自分の手で何かをやってみるべきです。起業して1000万円の売上を挙げよう、なんて延々と飲み屋で談義するのではなく、1万円の報酬を3回、自分の力で獲得するというような、一歩努力すれば実現できる目標を設定して、明日から実行するのです。そんな姿に、真の同志がついてきてくれるのです。

## 【戦略22】未来を考える10分間を持つ

サラリーマンの時間の多くは「急ぎだけど重要でないこと」に費やされています。

「メールの返信で時間が過ぎていた」「上司に指示された会議資料の作成に追われた」「クレーム対応に精神的余力を奪われた」と徒労感を覚え、自分自身の仕事に力を注げなかった経験は誰しもあるでしょう。

メールソフトは言うまでもなくビジネスの最重要ツールですが、働き手にとって両刃の剣です。メールを開いていると気づかないうちに時間が過ぎていきます。部下に指示をする、上司に報告をする、同僚からの問い合わせに対応する、担当業務ではないがCCで送られてきたメールに目を通す、友人からのお知らせに返信する。そしてメルマガのリンクをクリックしてコンテンツをチェックし、さらに関連コンテンツをクリックしていったりすると、指を動かしていればすぐ1時間が過ぎていきます。

１９５０年代にアメリカ合衆国大統領を務めたドワイト・D・アイゼンハワーの名を冠したタスクマネジメント手法「アイゼンハワー・マトリクス」では、業務を「緊急性」と「重要性」を軸として「緊急で重要」「緊急でないが重要」「緊急だが重要でない」「緊急でなく重要でない」の４つに分けて、それぞれで対応を変える必要性を提唱しています。

大統領にとって、他国が軍事攻撃を仕掛けてきた際の対応は「緊急で重要」です。ホワイトハウスに突如姿を見せた支持者に挨拶をすることは「緊急だが重要でない」ことかもしれません。一番難しいのが「緊急でないが重要なこと」にどれだけ時間を割くかです。30年先を見据えたアメリカの世界戦略を描くといった長期的で大規模なタスクは、「今日やらなくてもいい」と周囲から言われ、どんどん後回しになります。

キャリアマネジメントのためには、「緊急でなく重要でない業務」を減らして、「緊急でないが重要なこと」に投じる時間を増やさなければいけません。そのために、まずは1日当たり10分間、自分が思い描くキャリアプランやビジネス構想がどうすれば実現できるのか、考える時間を持ちましょう。

先述したように広告会社から政府機関に出向したあと、私は復帰するかどうかの決断を迫られることになりました。戻れば正社員、出向先では非常勤スタッフです。2週間、毎日10分以上の「ひとりブレスト」をしました。スマホを見えない場所において、ペンと紙を使いました。ノートを持っていないときは付箋紙、カフェのナプキン、ストローの包装紙も使ったのを覚えています。

資産はない。住宅ローン返済がある。そんな実情に沿えば答えは明確でしたが、実際は逆の選択をしました。私自身が作りたい社会を作るためには政策形成の知見と実績を積み上げる必要があると思いましたし、民間企業と政府との異なるコンテクストを繋ぐセンスが自分にはあると考えたのです。

決断後、真っ先に当時所属していた関西学院大学の小池洋次教授に話したところ、「決断をしたのなら後ろを振り返ったらダメ」と背中を押されました。収入確保の当てはまったくなかったのですが、創薬支援会社を起業したときの仲間の縁で、非営利の医療福祉団体の役員をしながら政府の仕事を続けることができました。

ベンチャーキャピタルが創業初期（シード期やアーリー期）の企業への投資を検討する際、事業の成長性、競争優位性、市場の潜在成長力などはもちろんのこと、経営メンバーの人柄をウォッチします。

ベンチャーの事業が成長軌道に乗るまでには早くても3年はかかります。ディープテックと言われる先端知識を活用したベンチャーの場合はより長期間を要します。ベンチャーキャピタルは投資先の企業価値が高まるまでの長い道のりを伴走することになるので、経営者が根気よく経営を続ける覚悟があるか、経営チームがすぐに離脱しないかどうかを、頻繁な面談を重ねることで判断します。「この経営チームなら大丈夫」と確信して出資しても、短期間のうちに経営中枢メンバーが転職で抜けてしまうケースも少なからずありますので、常に気が抜けません。

ある大手邦銀系ベンチャーキャピタルの役員は、起業家との面談の際に必ず読書に関する質問をするそうです。

「起業家の読書習慣の有無は必ずチェックする。読書習慣があれば自己研鑽への意欲、知的柔軟性があると考えられる。外国語の論文を読んで関連分野の研究動向を把握していることも重要。考え方に深さと広さを持っているのかを我々は注視する」

私自身はベンチャー企業のアドバイザーを複数務めるようになってから、外国語の論文に目を通す機会が増えました。一介のアドバイザーといえども独立したプロとして政府高官や大企業幹部と交渉し、新規施策の実施や業務提携、資本提携を決める場面に身を置くことがあります。会議の前にいくつか議題に関連しそうな論文やディスカッションペーパーを読んでおくと、根拠を示して論理的に話をすることができますので、一種の「お守り」として重宝します。

論文（原著論文）を書いたことがある人は、先行研究のレビュー、仮説設定、論点整理、仮説検証の苦労を体感しているかと思います。論文として認められるまでに、指導教員から研究の独自性、目的と結論の明確性の確保を再三求められ、何度も徹夜で修正をした経験のある人もいるでしょう。毎年この苦労をしているプロフェッショナルな研究者には本当に頭が下がります。

論文を読むこともまた決して楽ではありませんが、同じテーマの複数の論文を読むことをおススメします。「プラトンは正しい」という研究者もいれば「プラトンは間違っている」という研究者もいます。執筆者によって主張も論理構造も異なるので、複数の論文を読んで自分自身の視点を深めていくと良いでしょう。

グローバルに活躍するビジネスパーソンは、歴史、哲学、文化、芸術の教養習得にも熱心です。ソニーのマネジメントポジションとしてアメリカ、フランスに長く駐在していた綿貫健治・元横浜国立大学准教授は、サルトル、カント、ニーチェに関する本をひたすら読んだそうです。

「フランス人の部下から信頼されるには、夕方5時からのアペリティフで、フランス人の価値観になってコミュニケーションができないといけない。それができなければオフィスで誰も私の指示に従ってくれないという危機感があった」

ローザンヌの世界最高峰のビジネススクールＩＭＤで学び、スウェーデンのエレクトロニクスメーカー「エレクトロラックス」で日本事業を統括するなど長く海外で活躍していた浅井伸宏氏は「グローバル企業のボードメンバーは多様な情報から物事の本質を理解し、5分で決断を下せないといけない。その際、文化、社会を理解していなければ判断を誤る可能性がある」と語っています。

グーグルの論文検索アプリであるグーグルスカラー（Google Scholar）を使えば、無料で様々な論文にアクセスすることができますが、多忙なミドルの場合は、複数の大学研究者が執筆に加わっていて、様々な研究成果が紹介・解説されているハードカバーの書籍をお勧めします。まずは1万円で2冊買うくらいの予算感で、十分に自分自身への未来投資になります。

そうして良質なインプットを続けながら、1日10分間、自分の未来を考える時間を持ちましょう。手を動かし、日を重ねるごとに、見えてくるものが必ずあります。

【戦略23】「5年後キャリア」のために動き続ける

これまで様々な職業を経験してきましたが、すべてが他人に用意してもらった機会であり、自分一人で得たものは何もありません。

ただ一つだけ心掛けていることは「5年後の自分の仕事を作る」という思いを持ち続けて、ちょっとしたチャレンジを続けてきたことです。

29歳のときに愛知万博の広報スタッフに転じましたが、このとき私は他に2社からもお誘いを頂いていました。愛知万博は185日間のイベントなので、準備期間を含めても1年程度の職です。その後は無職になるでしょう。他の2社はいずれも正社員としての雇用で、私が希望する年収よりも高い条件を示してくれていました。

それでも愛知万博の職を選んだのは、愛知にいながら世界120か国を知ることができ、多様な人たちと一緒に仕事ができると見込んだからでした。それまで長期の海外留学をする機会が無かったので、30歳を前にして「愛知に海外留学する」という感覚でもありました。

実際にこの仕事では南極以外の全大陸（及び幾つかの島嶼国）の人と協業することになりました。特に印象深い思い出は、ブルキナファソから万博取材に訪れたジャーナリストとは、全く言語が通じなかったにもかかわらず長時間一緒に会場を歩き回り、ハグをして別れた経験です。

私自身は、万博会場で展示されていた燃料電池自動車や壁面緑化などの技術に詳しくなることができ、思考の幅が広がりました。また得られた人脈のおかげで、閉幕後に新しい職を得ることができました。

その後も、いろいろな社外の活動にチャレンジしました。医師と一緒に創薬支援会社を起業したことはすでに書きましたが、政治家の政策立案支援、雑誌でのコラム連載、インド工科大学日本アルムナイ（同窓会）の広報活動支援、社会保障政策の調査、原子力発電所の事故調査など、ちょっとでも自分自身の関心があり、心地よい人間関係で取り組めるものには何でも取り組みました。これらの活動を通して内閣官房の職に就く機会があり、慶應義塾の職に就く機会があり、茨城大学の職に就く機会が生まれています。

私はキャリア強者ではありません。社会人生活の初期に病気で仕事を辞めたことと、それによって同世代よりキャリア形成が遅れたことがコンプレックスになっており、どんな組織で働くにしても個人として独自の存在感を確立しなければならないという焦りを持ったまま、今に至っています。仲間と仕事に恵まれていますが、自分自身が強いわけではありません。

5年後のキャリアなんて誰も保障してくれないので、目の前の仕事が充実しているときでも、常に自分のなかに新しいアジェンダが無いと不安なのです。そんなことはシリアルアントレプレナーやプロアーティスト、プロアスリートにとっては当然のことですが、一介のビジネスパーソンとして、組織人として働きつつも組織外の様々な仕事に関わるという働き方を心掛けています。

好業績を積み重ねている若い会社員たちは本当に立派です。ただし、もっと社外に出て能力を開拓してみてほしいとも思ってしまいます。どんなに高収益企業であってもその企業のなかだけにいては絶対に得られない知識、人脈、経験があります。

5年後に管理職あるいは経営者になる可能性がある若手やミドルにも、5年後に定年を迎えるベテランにも、いまから5年後の舞台を作るチャレンジは無駄にはなりません。

もちろん私も、いまの仕事に安住するわけにはいきません。チャレンジを常に続けているところです。

## 第5章　挑戦するミドル世代に未来がある

### Y君に教わったこと

働くことは、本来、夢があることです。

2006年の秋、私は国立がんセンター（現・国立がん研究センター）の職員とともにバーベキュー会を開催していました。そこには10代の入院患者が多数集まりました。芋が焼けたので、中学生の男の子たちのもとにお皿を持っていき、31歳の私は彼らの話の輪に入りました。

すると「将来の夢」の話題になり、リーダー格のY君がこう語りました。

「父親のような教師になりたい」

非常に聡明で、47都道府県の名産品をすべて言い当てる博識が印象的でした。彼と話し込むうち、教員以外の選択肢もたくさんあるのではないかと思い、「ジャーナリストになっても良いと思う。世界のいろいろな現場に行って、見てきた情報を伝える仕事もあるよ」と伝えたのです。

その出来事から1か月半後、Y君は15歳で天国に旅立ちました。後から知ったのですが、彼は将来の夢を語る直前に、治療を諦めて緩和ケアに移行し、余命3か月と言われていました。そして、亡くなる直前のこと、家族に「ジャーナリストになりたい」と語っていたそうです。

余命3か月と宣告された中学生が、将来の夢を持ち、働くことへの憧れを語っていたのです。

ひるがえって私たちは、夢を持って働くことができているでしょうか。少年時代の瑞々しい感性と、年齢相応の責任感と、人間らしいパッションを保ち続けているでしょうか。

働きたいのに働くことができない人がいます。

働くことができていて、安定した収入を得ているのに、文句ばかり言って、無いものねだりをして、他人のチャレンジを批判している人がいます。

この国の将来は今のままでは暗いかもしれませんが、6000万人以上の就業者が、悲観や諦めではなく、いつでも夢を持って飛躍にチャレンジできるようになれば、素晴らしい国にきっと変わっていきます。

## 柔軟化の兆しはある

6000万人が月1万円ずつ生産量を増やせば、年間7兆2000億円の富が生まれます。そうすれば年収400万円の雇用を180万人創出することができます。社会全体で富を増やして分配する循環を生み出せれば、私たちと将来世代の不安がより少なくなります。

現在国が掲げている施策は規模感が小さすぎます。

国内で起業家100万人を生み出す。
海外から100万人の起業家を誘致する。
40歳以上の独立・起業経験者率を30%にする。
独立・起業経験者の中途採用を大企業と行政機関に義務付ける。

という具合に、会社員がいつでも自分自身の働き方を作ることができる制度作り、取り組みを進めていかなければいけない時代です。転職、休職、副業、起業、出戻りのどれも身近な選択肢であるべきです。

柔軟化の兆しはあります。一部の企業では社員の社外活動に資金を提供したり、サバティカル休暇（数か月～1年程度の長期休暇）を導入したり、勤務時間の一部を社外活動に充当することを制度的に推奨するなど、「働かせ方」の多様化への動きがあることにお気づきの方もいるでしょう。

採用面でも新卒一括採用・一括研修に捉われず、起業失敗経験者やＮＰＯ活動、海外活動経験者を積極評価するような例も増えています。

今後は例えば、社員個人で年収水準を決める働き方があってもいいでしょう。基本年収は８００万円だが、今年度は育児や子どもの受験、介護、ＮＰＯ活動などに取り組み、両立させるために年収５００万円の働き方をするという具合です。また会社が従業員の特性を見定めて起業を促すなど、キャリアチャレンジを促す視点で新しいアイデアがどんどん出てきてほしいです。

あるいは、キャリアに悩んでいる同僚をサポートすると１日３０００円もらえるとか、自助努力で悩みを解決できたら社長から表彰されるとか、ちょっとした施策を通して社風をガラッと変えるような動きが広がれば、「環境」「意識」が変わり始めます。

## 欧州経験者が見た日本

日本人の平均年齢は47歳超で、そもそもアメリカ、中国よりも国として10歳老いています。高齢世代が社内の多数派となっていることで、若い人材の挑戦を「邪魔」してしまうのです。「若い頃の苦労は買ってでもしろ」と言われますが、もはや買いたくても売っていない。あるいは買おうとすると「やめた方が良い」とストップをかけられます。そんなことでは成長への期待など持てなくなります。

「失敗を受け入れる社会を作ろう」というフレーズには、誰もが賛成します。しかしながら私たちは、他人の挑戦に水を差したり、挑戦する人に対して無意味な批評を加えたり、ということが多くあります。大切な友人のことを想うがゆえに、親切心から「チャレンジしないほうが良い理由」を挙げることもあるでしょう。

一方、欧州で生活をしていた人たちに聞くと「日本ほど、誰もがキャリアアップのチャンスを持つことのできる国は無い」と言います。スウェーデンの社会保障が充実していて幸福度が高いという話はよく聞きますが、北欧諸国は徹底した競争社会でもあり、企業の淘汰も盛んに起きています。そうでなければ高福祉を維持できるはずがありません。

フランスの過去6代の大統領は全員がグランゼコール（高等教育機関）の上位校出身者です。ドイツ企業で役員に昇進するには博士号の有無が大きく関わります。学歴社会というよりは、徹底的に実力が評価された結果として優れた学業成績を収めている人物がリーダーを務める傾向がある社会なのだと思いますが、実力主義を徹底した欧州の国では、何らかの事情で若い時期に経験と能力を身につけられなかった人物がミドルになってキャリアアップにチャレンジすることには、日本では想像できない高いハードルがあります。

だからこそ、ドイツでは社会人になってからも大学や大学院に行き直す制度・慣行がありますが、そのベースには徹底した実力主義、競争の原理があるのです。

また韓国も熾烈な競争社会として知られています。日本で生まれ育った30代の知人は、両親の都合で中学から大学時代をソウルで過ごし、現地で働くのに問題ないほどの韓国語を習得しました。ですが、就職は日本企業を選んだのです。競争に疲れた、と彼は語りました。

「中学時代から勉強漬け、大学でも就職を見据えた好成績を維持するために勉強漬け、そして就職活動は厳しさを極めます。なぜそこまで厳しいのかというと、有名企業とそうでない企業の初任給が2倍も3倍も違うからです。日本だと、そこまでの差はつきませんよね。そして就職できても、皆がさらに良い職場を求めるので土日は朝8時から英会話学校に通うなんて普通です。僕はもう疲れてしまって、日本に戻ることにしました」

　はっきり言いましょう、日本の未来は明るくありませんが、まだいまは足元に余裕がある状態です。であれば、できるだけ早くチャレンジに向けて動き始めるミドル世代に勝機があります。

## 致命傷を負わなければ勝てる

2021年11月3日、孫正義さんはこうツイートしています。

勝ちと負けはどちらもやって来る。

肝心な事は、致命傷を避ける事。
生きてれば次の勝利で飛躍出来る。

この言葉で瞬時に思い起こしたのは、これまで重ねてきた私の数々の失敗でした。顧客に失礼なメールを送ってそのまま気づかずにいたり、提供したサービスにミスがあったり、見積書で計算ミスをしたり。今でもふと思い出すのが、会社案内の制作業務で顧客の取締役の氏名を間違えて印刷してしまい、勤務先にかなりの損失を与えてしまったことです。また顧客にもたいへんな失礼をすることになりました。間違いに気づいたのが夕方だったので、深夜の突貫工事で修正工程を回し、翌朝９時に顧客に謝罪に行ったところ、なぜか顧客がニコニコしていました。

「昨夜キミの会社の社長が飛んできて、ミスの原因を丁寧に説明してくれて、何度もお詫びをしていただいた。だからもう大丈夫だよ。次の仕事もよろしく」

社長が私を守ってくれたこと、顧客も私を守ってくれたことが忘れられません。そして失敗に気づいたら、その場で最大限に対処することの大事さを学びました。

30年来の友人は、大学進学前に前科があり、そのことで就職時に様々な苦労をしました。東京西部にある小さな会社で社会人生活をスタートした彼は、猛烈に営業成績を上げ、4年後には大手上場会社に採用され、海外の大規模都市開発事業に関わるなど、いきいきとミドル期を送っています。もし苦労から逃げていたら今の自分はなかった、と彼は常に言っています。

投資も同じだと思います。失敗しても、目いっぱいの借金をして全財産をつぎ込んでいるのでなければ、リカバリーができ、再度の勝負を仕掛けることができます。孫正義さんご自身がそれを証明しています。

致命傷を負わないためには、逃げない、仲間を敬う、限界を知る、ことが必要です。芸能人や政治家のスキャンダルでは、起こった事件そのものよりも、起こってからの対応の巧拙が評価を分けます。スキャンダルに対する説明を拒否したり、居直ったりする政治家もいますが、逃げずに説明をし、支持者と後援会に許しを請うて再び政治の舞台に立つことができた人たちは少なくありません。

「若い頃の苦労は買ってでもしろ」に加えて「苦労から逃げない」も格言として普及してほしいと思っています。

## これからの日本を支える３つの産業

日本の大企業で、過去10年の間に本当の意味での新商品・サービスを生み出すことができている会社はほとんどないのが現状でしょう。パソコンも家電も、既製品の機能が増えたり、デザインが洗練されたり、重量が軽くなったりという変化はありますが、それらはすべて「改良」の域を出ません。

本当の意味での新商品とは、二刀流というまったく新しいプレースタイルを確立した「オオタニサン（大谷翔平さん）」です。ゲームの常識を変え、ＭＬＢのルールまでも変えてしまうようなレベルのものです（その点では、オオタニサンを生み出した日本ハム球団や栗山英樹さんは賞賛されるべきと思います）。

私もまた、今の時代に責任を負う世代の一員として、無いものねだりをするのではなく、あるもの探しをして、日本の可能性を述べたいと思います。

デロイト トーマツ コンサルティング パートナー（当時）の青木計憲氏は、東洋経済オンラインに寄稿したコラムで、このように知の巨人の言葉を紹介しています。

ヨーロッパの知の巨人ジャック・アタリ曰く、21世紀を制する産業は「保険」であるという。その根拠は以下の仮説に基づいている。

「リスクが増大し、不確実性が増す21世紀において、すべての企業と国家は2つの大きな要求の周辺に組織されていく。それは世の中の不安から守ってほしいという『保障への要求』と世の中の不安から解放されたいという『気晴らしへの要求』であり、保険業と娯楽産業が総売上高と経常利益の観点で2大産業となる。(後略)」

前章までに私は公的社会保障への不安、NISA口座の拡大、iDeCo加入者数の増加について述べてきました。これらがカギを握るかたちで、経済社会環境はまさにジャック・アタリ氏の指摘の通りになりつつあります。

21世紀の日本の三種の神器は、保険、ヘルスケア、セキュリティであると私は考えます。もちろんこれ以外にも挙げたいモノはありますが、私が意識しているキーワードは「個人の企業化」です。

企業が流動化し、公的社会保障も縮減が避けられない以上、個人が個人をマネジメントしなければいけない時代であることに異論はないでしょう。そして、これからの個人は企業のように、リスクへの備えを厚く持つ必要に迫られるでしょう。

保険についてはジャック・アタリ氏の指摘の通りです。ｉＤｅＣｏはもちろんのことＮＩＳＡもまた広義の保険と捉えることができます。仮にＮＩＳＡに年間30万円×10年間積み立てるとすれば３００万円になりますので、小さくない買い物です。

ヘルスケアについては、中高所得者層の健康増進への支出が増えるでしょう。近年、富裕層向けの健診サービスを提供する医療機関の収益が拡大しています。１回２００万円を超える健診・検診サービスを利用する富裕層もいます。そこまでのレベルではなくとも、数万円のウェアラブル端末を利用して健康増進に取り組んでいる人、パーソナルジムに通って体調を整えている人が増えています。

セキュリティについては、やはりサイバーセキュリティ意識の高まりから、アンチウイルスソフトや電子認証サービスの利用者拡大は続くでしょう。加えて監視カメラ、ドライブレコーダーなどのサービスの普及も進むと見込まれます。スマホに搭載されているＧＰＳなど測位システムの精度向上なども進むでしょう。

日本の基幹産業である自動車産業は、今後、電気自動車（ＥＶ）にシフトしていきますので、ＥＶも三種の神器に加えたいところです。一方、すでに米国だけでなく中国も国内のＥＶ関連企業の集積を進めており、日本がＥＶ時代において自動車の覇者でいられるのかどうかは予断を許しません。日本自動車工業会は再三このことへの危機感を表明しています。

「総理大臣になって日本をよくしたい」

前章で23の成長戦略を示しましたが、なによりも大切なのはこれらに挑戦しながら「目標を作ること」だと思います。

２０１６年頃のこと、関西学院大学総合政策学部で非常勤講師として政策過程論の講義をしていた折、１回生（１年生）のT君という受講生が挙手をして私に質問をしてきました。

「先生、僕は将来、総理大臣になって社会をよくしたいのですが、そのためにはどのようなキャリアを歩めばよいでしょうか？」

あまりにも唐突な質問でした。その日は大教室で１００人以上の学生が受講していました。全体的に3回生が多く1回生はごくわずかというなかで、彼は毅然とそのような質問をしました。自信に満ちていて格好よかったです。

その場では上手く回答できなかったので講義後にカフェで彼と時間を取り、「どの職業でなければいけないということはない。ただ、どの職業に就くにしても、総理になるという信念を貫いて、仲間を敬い、強く生きてください」と、偉そうな回答をした気がします。

T君は大学卒業後、大手マスメディアの記者として活躍しています。きっと記者の仕事を通して、自分の夢を叶えるための知識や経験を積んでいることでしょう。

大勢の前で自分の夢を語るのは恥ずかしいものですが、やってみる価値があると思います。夢を語り合う、というと壮大に聞こえますが、例えば職場の会議で「やってみたい仕事」を順に話していくことも意味があると思います。

いつものように万全に準備した企画書を示しながらプレゼンするのではなく、やってみたい仕事を自由に話してみる。すると「その人、ツテがあるよ」「前にあの人もこんなことを言っていた」と同僚の話が繋がっていきます。

本章の冒頭で紹介したY君は、緩和ケアに移行し、亡くなる直前まで、人生の目標を語っていました。その目標がどれだけ彼の支えになったのかをいま確認することはできませんが、人間はいつまでも目標を自由に持つことができ、それによって苦悩を忘れることができ、人生の檜舞台に立つことができるということを、彼が示してくれたように思います。

日本の未来に警鐘を鳴らす言説はたくさんあります。ただ、私たちは評論家ではなく、いまを生きる責任者です。別の視点で捉えれば、自分自身を成長させる最高の戦略を持ち、最もテクニックに長けた存在です。私たちが目標を持ち、かつ、他人の目標に寄り添ってイノベーションを共創するようになれば、日本の新たな未来を創れるかもしれません。いや、それしかないのです。

あなただけの挑戦を、「成長戦略」とともに始めてください。

間中健介　1975年生まれ。慶應義塾大学大学院特任助教、茨城大学講師。ライターや派遣社員を経て、31歳で電通子会社に入社、39歳で内閣官房日本経済再生総合事務局に任用。起業家教育に取り組む。

Ⓢ新潮新書

999

# キャリア弱者《じゃくしゃ》の成長戦略《せいちょうせんりゃく》

著者　間中健介《まなかけんすけ》

2023年6月20日　発行

発行者　佐藤隆信

発行所　株式会社 新潮社

〒162-8711　東京都新宿区矢来町71番地
編集部(03)3266-5430　読者係(03)3266-5111
https://www.shinchosha.co.jp
装幀　新潮社装幀室

印刷所　錦明印刷株式会社

製本所　錦明印刷株式会社



ISBN978-4-10-610999-7　C0230

## Ⓢ新潮新書

998
### 失礼な一言
石原壮一郎

「きれいになったね」「赤ちゃんはまだ？」「独身は自由でいいよね」は全部NG！　日常会話からメール、LINEなどのSNS投稿まで様々な局面で知っておきたい言葉のレッドライン。

997
### 交通崩壊
市川嘉一

寸断される鉄道、広まらないトラム、カオス化する歩道……。「部分最適」の政策の集合体を脱し、総合的な交通政策を構想せよ！　都市・交通問題に精通したジャーナリストによる提言。

996
### 世界史の中のヤバい女たち
黒澤はゆま

アステカ王国を滅ぼした十七歳、復讐の鬼と化したウクライナ聖人、民を戦乱の世から救った中華最強の悪女――歴史を動かした女たちの生涯と歴史の裏に隠された史実に迫る！

995
### 幸福な退職
「その日」に向けた気持ちいい仕事術
スージー鈴木

「5×10の法則」「65点主義」「ですよね力」など、55歳で博報堂を退職した音楽評論家が実践してきた仕事の流儀を伝授。あらゆる世代に刺さる、気持ちよく働き、辞めるための仕事術！

994
### 国難のインテリジェンス
佐藤優

「検討」など、もう聞き飽きた！　日本が長い間解決を先延ばしにし続けた問題を、各分野の知性と本気で解く。世界が再び混迷に突入する中、猶予はもはや残されていない。

## 新潮新書

**993 不老脳**　和田秀樹

やる気が出ないのは脳のせい！ それは前頭葉が40代から萎縮を始めるから……。だが、いつまでも若さを保てる人がいるのはなぜ？ ベストセラー連発の著者が贈るとっておきの処方箋。

**992 2035年の中国**　習近平路線は生き残るか　宮本雄二

建国百年を迎える2049年の折り返し点とされる2035年に習近平は82歳。その時中国はどうなっているのか？ 習近平を最もよく知る元大使が、中国の今後の行方を冷徹に分析する。

**991 目的への抵抗**　シリーズ哲学講話　國分功一郎

消費と贅沢、自由と目的、行政権力と民主主義など、コロナ危機に覚えた違和感の正体に迫り、哲学の役割を問う。『暇と退屈の倫理学』の議論をより深化させた、東京大学での講話を収録。

**990 うらやましいボケかた**　五木寛之

下を向いて歩こう――ボケる思考、ガタつく体を実感しながらも、ひとり軽やかに「老年の荒野」をゆく――人の生き方・考え方が目まぐるしく変わる人生百年時代に綴った卒寿の本音。

**989 官邸官僚が本音で語る権力の使い方**　兼原信克　佐々木豊成　曽我豪　髙見澤將林

巨大タンカーのごとき日本政府を動かすには「コツ」がいる。歴代最長の安倍政権で内政・外政・危機管理の各実務トップを務めた官邸官僚が参集し、「官邸のトリセツ」を公開する。